Konrad Stauss

Neue Konzepte zum Borderline-Syndrom

Stationäre Behandlung nach den Methoden der Transaktionsanalyse – das Grönenbacher Modell

Herausgegeben von Michael Krull
und Heinrich Hagehülsmann

Konrad Stauss

Neue Konzepte zum Borderline-Syndrom

Stationäre Behandlung nach den Methoden der Transaktionsanalyse – das Grönenbacher Modell

Astrid Lehmkuhl
04/2000

Junfermann Verlag • Paderborn
1994

2. Auflage 1994

Satz adrupa Paderborn
Druck: PDC – Paderborner Druck-Centrum

CIP-Titelaufnahme der Deutschen Bibliothek
Stauss, Konrad:
Neue Konzepte zum Borderline-Syndrom:
Stationäre Behandlung nach den Methoden der Transaktionsanalyse – das Grönenbacher Modell/Konrad Stauss. Hrsg. von Michael Krull u. Heinrich Hagehülsmann. –
Paderborn: Junfermann, 1993

ISBN 3-87387-110-6

NE: GT

ISBN 3-87387-110-6

Inhalt

Vorwort des Herausgebers

1. Ziel des Beiheftes

Es gibt einen besonderen aktuellen Grund für die Veröffentlichung dieses Textes, in dem Transaktionsanalyse (TA) als ein effektives Psychotherapie-Verfahren ausgewiesen wird:

Die Transaktionsanalyse hat als psychotherapeutisches Verfahren in der aktuellen gesundheitspolitischen und wissenschaftlichen Diskussion den Status eines „Schwellenverfahrens", ist also auf dem schwierigen Wege zur Anerkennung im Rahmen einer gesetzlichen Regelung des Psychotherapeutenberufes, seiner Einbeziehung in die kassenärztliche Versorgung; dies teilt sie mit den anderen Verfahren, die meist aus dem Kreis der Humanistischen Psychologie stammen: z. B. der Gesprächspsychotherapie, der Gestaltpsychotherapie, dem Psychodrama und der Familientherapie. In dieser Situation ist es von großer Bedeutung, daß die Transaktionsanalyse sich stärker, als sie es bislang getan hat, wissenschaftlich ausweist und praktische Effektivität demonstriert.

Während das erste Beiheft sich mit den von BERNE erarbeiteten Anfängen der Transaktionsanalyse beschäftigt, im zweiten Beiheft die Anwendung der Transaktionsanalyse im Berufsfeld „Pädagogik" beschrieben wird, steht in diesem dritten Beiheft die klinische Anwendung im Vordergrund: die klinische psychotherapeutische Praxis, in der diese von BERNE u. a. geschaffene Theorie und Behandlungsmethode eine ihrer Stärken entfalten kann: ihre Integrationskraft verschiedener Herangehensweisen.

In dem hier vorliegenden Buch findet der Leser eine zwar sparsam angewendete, aber dennoch durchgängige transaktionsanalytische Begrifflichkeit und, wenn vom Autor als nutzbringend erachtet, auch die graphische Verdeutlichung einzelner Aspekte komplexer theoretischer Sachverhalte.

Dabei ist sehr nachdrücklich darauf hinzuweisen, daß zum Zwecke eines möglichst breiten Verständnisses einer Theorie aus didaktischen Gründen eingesetzte Schemata, Graphiken etc. nicht die gesamte Transaktionsanalyse darstellen. Leider ist dieser Unterschied von Theorieentwicklung und graphischen Veranschaulichungen im Verlauf der Entwicklung und Ausbreitung der Transaktionsanalyse z. T. nicht genügend gewürdigt worden, so daß Theorieteile durch Veranschaulichungen reduktionistisch, theorieverzerrend und übersimplifizierend dargestellt wurden.

Wer eine Einführung in die Theorie der Transaktionsanalyse zum besseren Verständnis des Textes sucht, dem kann SCHLEGEL (1979) oder aktuell HAGEHÜLSMANN (1992) empfohlen werden.

2. Zum Inhalt dieses Bandes

Zur Entstehung des Störungsbildes Borderline-Syndrom häufen sich die Veröffentlichungen. Inzwischen taucht in den Fachpublikationen auch nicht mehr die Hypothese auf, die immense Zunahme der Diagnosen „frühe Störungen" sei allein auf veränderte diagnostische Optik zurückzuführen. Vielmehr wird davon ausgegangen, daß beides – sensiblere und geschärftere Blicke und eine genuine Zunahme – zwei Quellen dafür darstellen, daß die Zunahme dieser Störungsgruppe in Klinik und Praxis so auffallend ist; epidemiologisch vergleichbar wahrscheinlich nur mit den „Zuwachsraten" bei Süchten, Herzkreislauferkrankungen, Krebs und Allergien.

Es muß davon ausgegangen werden, daß in psychotherapeutisch behandelnden Institutionen – seien es Kliniken, Praxen oder auch Beratungsstellen – auch in Zukunft vermehrte Bedürfnisse nach Handlungskonzepten für die verschiedenen Formen psychotherapeutischer Begleitung früher Störungen vorhanden sein werden.

Mit dem hier vorgelegten „Grönenbacher Modell" wird ein umfassendes Konzept zur stationären Behandlung der Borderline-Störung vorgelegt, das m. E. eine wirkliche Lücke füllt.

Zwar existiert eine Vielzahl von Veröffentlichungen zur Genese, die Ausführungen zur Behandlung sind jedoch meist recht knapp, sehr allgemein gehalten (KOHUT, 1971; KERNBERG 1983; ROHDE-DACHSER, 1983; ROST, 1983; SCHWARZ-SALAND, 1991) oder nicht setting-spezifisch für die stationäre Arbeit (MASTERSON, 1980).

Im ersten Abschnitt verwendet der Autor besondere Aufmerksamkeit darauf, entwicklungspsychologische Grundlagen desjenigen Prozesses zu formulieren, in dessen Verlauf Diagnosen und Abgrenzungen von anderen Störungsbildern möglich sind. Letzteres geschieht im 2. Abschnitt. Der Autor geht auch auf die Unschärfen ein, die durch die doppeldeutige Verwendung des Borderline-Begriffs entstehen: einerseits als Begriff innerhalb der deskriptiven Diagnostik, wie sie das DSM III-R vorschlägt und das die Borderline-Störung als von anderen Persönlichkeitsstörungen abgrenzbare Einheit betrachtet – andererseits als Begriff, der verschiedene Funktionstypen der Persönlichkeitsorganisation beschreibt. Eine einleuchtende theoretische Klärung fanden zu diesem Thema jüngst DIVAC-JAVANOVIC/RADOJKOVIC mit dem Modell des diagnostischen Zylinders, in dem Persönlichkeitstypen und Funktionsmodi miteinander kombiniert sind (1990).

Im dritten Abschnitt folgt eine ausführliche Darstellung von borderline-spezifischen Abwehrhaltungen und Beziehungsstörungen sowie Konsequenzen für das Behandlungskonzept. Dabei skizziert der Autor bereits erste Aspekte der Struktur der Behandlung, die im vierten Abschnitt ausführlich beschrieben sind mit Voraussetzungen, Behandlungsphasen, problematischen Situationen, Behandlungszielen, -techniken/-haltungen und Gefahrenmomenten.

Den Schluß bildet die Erörterung der Resultate katamnestischer Untersuchungen von SUDERMANN (1990) und MESTEL (1992) (Abschnitt 5).

3. Zur Aktualität des Themas

„Man hat unsere Zeit eine Zeit der Angst genannt." So schrieb H. STIERLIN in einem Artikel der Festschrift für F. Riemann und fährt fort: als „Antwort auf die Fragmentierung, Unübersehbarkeit und Vielschichtigkeit der ihn umgebenden Welt" reagiert der Mensch mit Gespaltenheit und zwischenmenschlicher Übersensitivität (1969, S. 123).

Zwar benennt der Autor unter Bezug auf RIEMANN diese übersensitive Haltung als Charakteristika des schizoiden Menschen – die späteren Ausführungen lesen sich jedoch überwiegend so, als würden zentrale Symptome und Mechanismen des Borderline-Syndroms beschrieben. Wir kennen sie heute aus der Literatur zu diesem Störungsbild, u. a. bei KERNBERG (1971, 1983), ROHDE-DACHSER (1983), ROST (1983), SCHWARZ-SALANT (1991). Alle genannten Autoren berichten eine Häufung des Borderline-Syndroms.

Liegt da die Hypothese nahe, daß sich – verantwortlich für die Häufung – im Sozialisationsprozeß der Kinder ein Paradigmenwechsel vollzogen hat bzw. noch vollzieht, der noch weitgehend unerkannt bzw. unerforscht ist, auf den uns jedoch die Spezifität des Borderline-Syndroms aufmerksam macht?

Ich denke: „Ja." In Teilaspekten gibt es Antwortversuche: z. B. mit Untersuchungen zu den Auswirkungen der „Droge im Wohnzimmer", dem Fernsehen (WINN, 1979); den Untersuchungen zur Genese der Null-Bock-Haltung (PELZ, 1991); und der Erörterung der Fragen, die zu dem radikalen Wechsel innerhalb kürzester Zeit von der Not zur Überflußgesellschaft gestellt werden können (z. B. REDAKTION „Psychologie Heute" 1981).

Nehmen wir zentrale Mechanismen des rasant vermehrt auftretenden Borderline-Syndroms als Symptome eines kollektiven imaginären identifizierten Patienten, dann stellt sich die Frage, welche Aussagen über das „System Gesellschaft" dieser Symptomträger uns nahelegen will, an denen er leidet – stellvertretend für alle Mitglieder des Systems. Exemplarisch einige Hypothesenskizzen:

- Wir spalten aktiv die Realität ab, in der der Gegensatz von Armen und Reichen auf intra- und internationaler Ebene Dimensionen angenommen hat, die eigentlich nur in einer Katastrophe enden können (CHOMSKY, 1989; LASER & WENDT, 1988, KLIPPSTEIN & STRÜMPEL, 1984).
- Durch den Informationsüberfluß, dem wir ausgesetzt werden und uns aussetzen, nehmen wir Realität vorselektiert, ausschnitthaft wahr. Diese, durch Verleugnung und Externalisierung gewonnene Scheinrealität baut sehr maßgeblich auf Vergessen auf und ist Resultat eines Mechanismus, den Journalisten in seinem Resultat etwas lapidar formulieren: „only bad news are good news" (WINN, 1979; POSTMAN, 1988). Politische Autonomie und Umweltbewußtsein werden immer stärker verhindert statt gewonnen, und das Aufzeigen des „Verkommens" der politischen Kultur bis hin zur Veränderung von Natur und Gesellschaft betrifft nicht mehr, bleibt folgenlos (BECK, 1988; SCHMIDBAUER, 1984; BÖLL, 1985).
- Das Leben wird „enttraditionalisiert". Flucht in Sucht, Spiritualismus, Psychokultur und New Age sollen als Surrogate dienen. Klares und differenziertes Denken verkümmert (KEUPP, 1989).
- Die Beziehungsschwierigkeiten, die das Borderline-Syndrom bewirken, legen den Finger in die Wunde: „Verlust von Bindung" (Ein-Personen-Familien nehmen überproportional zu, Ehen als Dauerlebensgemeinschaft werden fragwürdig).
- Psychische Erkrankungen verändern sich und eskalieren (CREMERIUS, 1988; MORSCH, 1978).

Angesichts solcher Phänomene werden erprobte Heilungskonzepte für das Borderline-Syndrom, wie es im folgenden vorgestellt wird, um so wichtiger.

Michael KRULL

Einleitung

In den letzten Jahren zeigte es sich, daß die sogenannten Borderline-Störungen in unserer Klinik an Häufigkeit zunahmen. Dies deckt sich mit der Erfahrung von anderen Psychotherapeuten. Nach kompetenter Schätzung sind ungefähr 30-70% der Psychotherapie-Patienten Borderline-Fälle (ROHDE-DACHSER, 1985). In unserer klinischen Einrichtung benötigen dementsprechend ungefähr ein Drittel aller Patienten ein gesondertes Behandlungsprogramm. Denn von der Psychotherapie, die auf die Behandlung von Neurosen und schweren Charakterstörungen zugeschnitten ist, profitieren sie nicht spezifisch.

Diese Entwicklung veranlaßte uns, ein Behandlungsprogramm für Borderline-Patienten zu entwickeln, das in den Rahmen und Geist unserer Klinik paßt. Von den tiefenpsychologisch orientierten Schulen entsprach uns dabei die Transaktionsanalyse als integrative Therapietheorie am meisten. Daher lag es nahe, die Arbeit von J. SCHIFF aufzugreifen. Wir waren zwar von ihrer Arbeit fasziniert, aber die Integration dieser Arbeit und ihre Art des Vorgehens schien in unserer Klinik nicht möglich.

Das änderte sich erst, als wir im Frühjahr 1986 die Einrichtung DE STROOK, geleitet von M. KOUWENHOVEN, in Ermelo (Holland) aufsuchten. KOUWENHOVEN, der von SHEA SCHIFF, einem Adoptivsohn von J. SCHIFF, ausgebildet wurde, arbeitet seit über 10 Jahren mit dem CATHEXIS-Konzept, und hat einen Weg gefunden, die CATHEXIS-Theorie in seinem klinischen Rahmen zu integrieren.

Zusätzlich haben wir versucht, die Diagnostik, wie sie im DSM III-R als inzwischen international anerkanntes diagnostisches Klassifikationsschema ausgearbeitet wurde, in unser Programm zu übernehmen. Denn heute kann die Borderline-Störung eindeutig nach den Kriterien der DSM III-R diagnostiziert werden. Vier Jahre lang experimentierten wir mit der „regressiven Arbeit", wie sie von SCHIFF als therapeutische Technik entwickelt wurde. Diesen therapeutischen Ansatz haben wir inzwischen aufgegeben, da er in unserem Setting nicht durchführbar erscheint. In den Kapiteln 4.5 -4. 5. 5. wird dagegen unser Vorgehen der „regressiven Arbeit" und die kritische Auseinandersetzung mit ihr dargestellt. Sehr wichtig erscheint uns die Selbsthilfegruppe der BORDERLINE-ANONYMOUS (siehe Kapitel 4. 8.) zu sein, die viele Patienten nach der stationären Therapie als außerordentlich hilfreich erleben.

Das Buch endet mit einer Nachuntersuchung in Form von vier katamnestischen Einzelfallstudien, die von SUDERMANN durchgeführt wurden, und einer Therapiekontrollstudie von langzeit behandelten Borderline-PatientInnen, die von MESTEL erstellt wurde.

Mein besonderer Dank gilt meinen PatientInnen, MitarbeiterInnen und allen, die mir in Form von kritischen Anregungen geholfen haben, dieses Buch zu schreiben. Ausdrücklich möchte ich mich bei Dr. Michael KRULL bedanken, der mich geduldig und liebevoll bei der Überarbeitung des Manuskriptes unterstützt hat. Ohne die Vorarbeit von M. KOUWENHOVEN wäre dieses Buch nicht zustandegekommen. Ihm meinen aufrichtigen Dank, daß meine MitarbeiterInnen und ich seine Einrichtung kennenlernen und ihn und sein Team bei der Arbeit erleben durften.

Konrad STAUSS

1. Entwicklungspsychologie

1.1. Einführung

Bei der dargelegten Entwicklungspsychologie habe ich versucht, die Erkenntnisse der psychoanalytischen Objektbeziehungstheorie (MAHLER, 1975) in die Sichtweise der Entwicklung der Ich-Zustände zu integrieren.

In integrativ orientierter transaktionsanalytischer Betrachtung verschiedener Theorien entstand eine Entwicklungspsychologie, nach der der Mensch sechs typische Phasen durchläuft, um alle seine Ich-Haltungen, in der Transaktionsanalyse Ich-Zustände genannt, zu entwickeln. Beim störungsfreien Durchlau-

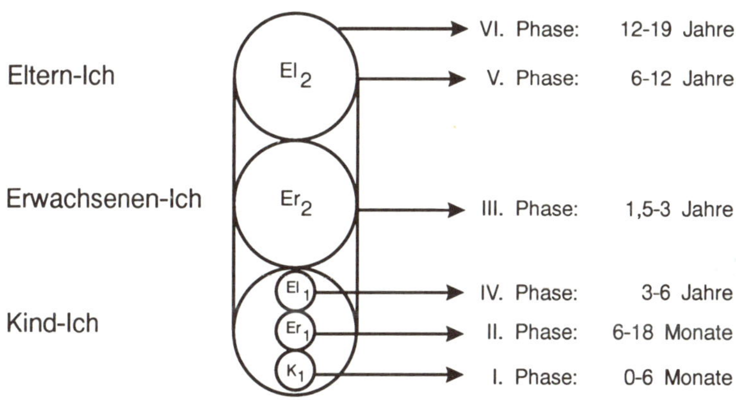

Abb. 1: Phasenspezifische Entwicklung der Ich-Zustände nach CHILDES-GOWELL (1979)

fen dieser Phasen entsteht eine gesunde Persönlichkeitsstruktur (CHILDES-GOWELL, 1979).

Ich benutze im folgendem eine graphische Veranschaulichung (die Symbolik dreier Kreise), wie dies auch in der transaktionsanalytischen Literatur üblich ist. Diese Form der Veranschaulichung darf nicht zu Mißverständnissen oder falschen logischen Schlüssen führen: die drei Kreise sind natürlich keine Teile einer Persönlichkeit, sondern stellen die Veranschaulichung eines hypothetischen Konstruktes dar.

In jeder Entwicklungsphase nehmen bestimmte Bedürfnisse eine zentrale Stellung ein. In jeder Entwicklungsphase müssen dem Kind aber auch spezifische Bedürfnisse befriedigt werden. Und es muß die jeweiligen phasentypischen Aufgaben gelernt haben. Wenn dies erfolgreich geschieht, wird psychische Energie freigesetzt, um nachfolgende Phasen, auch kritische Phasen genannt, mit ihren Anforderungen zu bewältigen.

Es gibt folgende kritische Phasen bis zum 3. Lebensjahr:

- Phase I (0-6 Monate)
  umfaßt die Fütterungs- und Bindungsphase.
  Sie entspricht der frühen oralen Phase in der Entwicklungspsychologie der Psychoanalyse.
- Phase II (6-18 Monate)
  umfaßt die *Differenzierungs- und Separationsphase* (6.-13. Monat) und die *Explorationsphase* (13.-17. Monat).
  Diese Phase entspricht der späten oralen Phase in der Psychoanalyse. In ihr beginnt der spezifische Borderline-Konflikt, nämlich die nicht gelungene Loslösung (Differenzierung und Separierung) aus der Symbiose mit dem primären Versorger.
- Phase III (18. Monat bis 3. Lebensjahr)
  umfaßt die *Wiederannäherungs- und die Konsolidierungsphase.*
  Diese Phase III entspricht der analen Phase in der Psychoanalyse. Die Beendigung der Phase III ist gekennzeichnet durch die „psychische Geburt" (MAHLER, 1975) des Menschen. Unter „psychischer Geburt" versteht man, daß sich das Kind aus dem „symbiotischen Uterus" der Mutter herausentwickelt

hat. Es erlangt damit die Fähigkeit, sich getrennt von der Mutter zu erleben. Es ist in der Lage, die Mutter als ganze Person mit ihren liebenswerten und frustrierenden Seiten wahrzunehmen und zu lieben. Es kann Liebe und Haß in bezug auf eine Person erleben, ohne daß dadurch die Beziehung gefährdet ist. Es kann das „gute" Bild der Mutter in sich aufrechterhalten, d. h. es erlebt bei Trennung Schmerz und Trauer, weil die Mutter nicht mehr zur Verfügung steht.

Die „psychische Geburt" stellt eine Zäsur in der Entwicklung des Menschen dar. Menschen, die diese „Geburt" nicht vollzogen haben und deren Symptome Ausdruck spezifischer Lösungsstrategien für eine nicht gelungene Separation/Individuation von der Mutter darstellen, haben eine *frühe Störung*.

1.2. Entwicklungspsychologie der Phasen I, II und III

Im folgenden Kapitel wird der Versuch unternommen, eine Entwicklungspsychologie der einzelnen Ich-Zustände bis zur psychischen Geburt des Menschen zu entwickeln.

Neben der Entwicklungslinie der Ich-Zustände wird auch die Entwicklungslinie des *Körperselbstbildes* bis zur psychischen Geburt aufgezeigt.

Entlang dieser Entwicklungslinie können Fixierungspunkte bestimmt werden. Durch eine pathologische Regression in diese Fixierungspunkte können autistische, psychotische, schizotypische, borderline-spezifische oder narzißtische Störungen manifest werden.

Die Entwicklungslinie des Körperselbstbildes soll die theoretische Grundlage liefern, um ein tiefenpsychologisch fundiertes Konzept der Körpertherapie für frühe Störungen aufzuzeigen, das im Therapieteil dargestellt wird. Bei der Darstellung des Körperselbstbildes beziehe ich mich wesentlich auf die Arbeit von LETTNER (1989).

1.2.1. Phase I (0.-5. Monat)

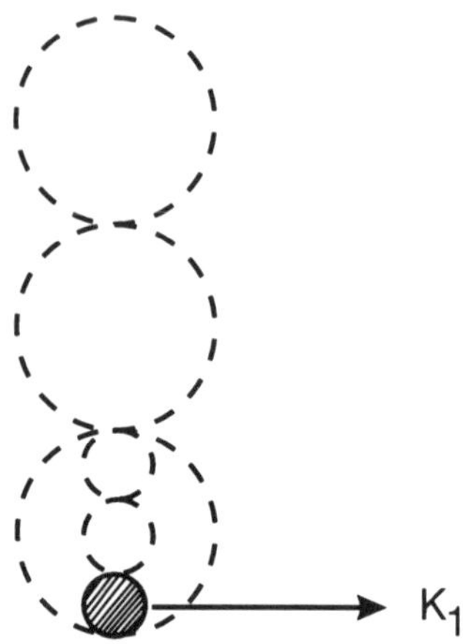

Abb. 2: Strukturanalyse 2. Ordnung der Phase I

Die Phase I dauert von der Geburt bis ungefähr zum 6. Lebensmonat. Während dieser Zeit entwickelt sich das Kind-Ich 1 in Kind-Ich 2. Kind-Ich 1 gilt als die Quelle jeder psychischen Energie, in dem die Motivation verankert ist, am Leben teilzunehmen. In Kind-Ich 1 befinden sich auch alle biologischen Basisbedürfnisse.

Phase I unterteilt man in die Fütterungs- und Bindungsphase.

1.2.1.1. Fütterungsphase (0-3. Monat)

In dieser Phase stehen die physiologischen Prozesse im Vordergrund, das heißt, Befriedigung der Basisbedürfnisse: Trinken, Saugen, Schlafen, Ausscheiden, Körperwärme konstant erhalten usw.

Eine Unterphase der Fütterungsphase ist die *autistische Phase* (3.-4. Lebenswoche). In ihr überwiegen nach MAHLER (1975, a)

wichtig: stützende Fkt. der Mutter

die schlafähnlichen Zustände gegenüber den Wachzuständen. Der Säugling ist in einem verlängerten „pränatalen Zustand" und durch eine Reizschranke vor „extremer Stimulierung" geschützt. MAHLER (1975, S. 60) nennt diese Phase den „normalen Autismus".

Nach LETTNER geht es in der autistischen Phase in erster Linie um die Realisierung der *„angeborenen Aktionsschemata"*.

Dabei unterscheidet er zwischen Aktionsschemata, durch die sich der Säugling von unlustvollen Spannungen zu befreien versucht, wie: Urinieren, Defäkieren, Husten, Niesen, Spucken, Aufstoßen und Erbrechen, und ersten Ansätzen einer Realisierung von *„Aktionsschemata höherer Ordnung"*, die der motorischen Entwicklung dienen.

Ein Aktionsschema höherer Ordnung in der Fütterungsphase wäre das Saugen. Entwicklungspsychologisch kämen später das Krabbeln, Sitzen, Laufen sowie primäres Sozialverhalten hinzu (LETTNER, 1989).

Körperselbstbild

In der Zeit des normalen Autismus besteht ein *absolutes irreales subjektives Körperselbst*.

Da bei dem absolutem irrealen Körperselbst weder eine Innenstrukturierung noch eine Objektstrukturierung vorliegt, wird es graphisch mit einem Kreis dargestellt:

Abb. 3: Absolutes irreales subjektives Körperselbst (nach LETTNER, 1989)

Um die 3. oder 4. Lebenswoche beginnt die Reizschranke, die nach MAHLER (1975, S. 62) als *„autistische Schale"* bezeichnet wird, zu bersten. Diese autistische Schale hat bis jetzt den Säugling vor äußerer Überstimulierung geschützt. Nun muß die Mutter durch ihr Eingreifen helfen, die Spannung zu reduzieren, sonst wird der Säugling von Reizen überwältigt. Dies drückt er durch vermehrtes Schreien und andere motorische Manifestationen eines undifferenzierten negativen Affektes aus (BENJAMIN 1961, nach MAHLER, 1975).

Dieses Eingreifen der Mutter zur Spannungsreduktion nennt LETTNER die *entlastende Funktion* der Mutter. Er unterscheidet diese entlastende Funktion von der stützenden Funktion.

Auf die *stützende Funktion* der Mutter ist der Säugling vorwiegend in der autistischen Phase angewiesen. Er braucht z. B. die Unterstützung der Mutter durch richtiges Halten und Anlegen an die Brust, damit der Saugreflex als angeborenes Aktionsschema realisiert werden kann. Die stützende Funktion der Mutter reicht zeitlich gesehen weit über die autistische Phase hinaus.

Der Vollständigkeit halber möchte ich in diesem Zusammenhang auf die *steuernde Funktion* der Mutter hinweisen, die auf Seite 40 genauer erläutert wird.

Strukturbildung

Neben der Entwicklungslinie des Körperselbst soll die Entwicklungslinie der psychischen Strukturbildung, die im Wesentlichen die Entwicklung der einzelnen Ich-Haltungen beinhaltet, aufgezeigt werden.

Gelingt es der Mutter durch ihre pflegerische Leistung, die Basisbedürfnisse des Säuglings zu befriedigen, so erlebt er *Lust*, bei Nichtbefriedigung *Unlust*.

Auf der vegetativen Erregungsebene ist Lust mit der Stimulierung des Parasympaticotonus und Unlust mit der Stimulierung des Sympaticotus verbunden. Mit der Zeit lernt das Kind über diese physiologischen Prozesse zwischen lustvollen und *guten* sowie unlustvollen und *bösen* Erfahrungen zu unterscheiden.

„Dies scheint die erste quasi ontogenetische Grundlage des späteren Spaltungsmechanismus zu sein" (MAHLER, 1975, S. 62).

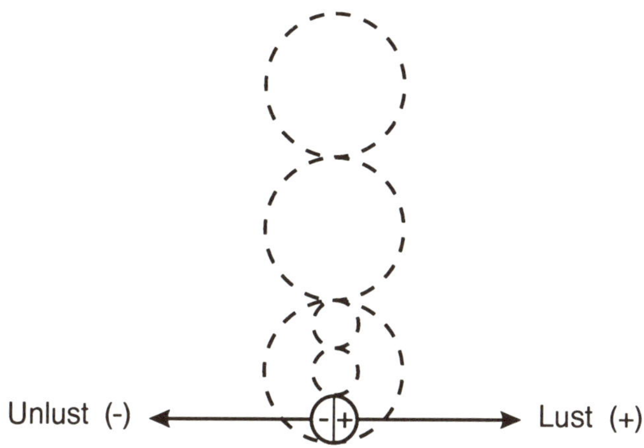

Abb. 4: Strukturbildung in der Fütterungsphase

Durch die zunehmende neurologische Reifung wird der nächste Schritt der Strukturbildung eingeleitet: Der Säugling ist jetzt in der Lage, *Teilobjekte* der Mutter, z. B. die „gute" oder „böse" Brust, den liebevollen Blick, das erschreckende Stirnrunzeln, die stützende und entlastende Funktion der Mutter zu internalisieren.

Diese Teilobjekte sind Quellen der Lust und Unlust für den Säugling. Die Internalisierung guter und böser Teilobjekte, die Lust oder Unlust vermitteln können, sind affektiv durch die vegetative Erregungslage mit einem guten und schlechten Selbsterleben verbunden (WOODS und WOODS, 1982).

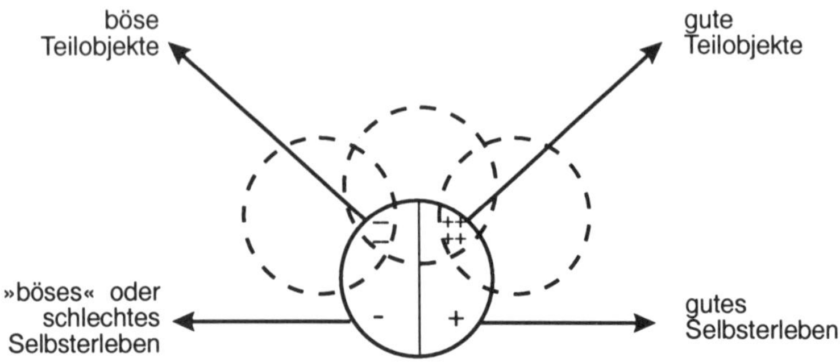

Abb. 5: Internalisierung von guten und bösen Teilobjekten

Der durchgezogene Kreis stellt das Kind-Ich 1 dar, der durchgezogene Strich bezeichnet die Spaltung in gute und böse bzw. lustvolles und unlustvolles Selbsterleben. Der gestrichelte Kreis soll einen rudimentären Erwachsenen-Ich 1-Vorläufer darstellen, entsprechend die gestrichelten Kreise rechts und links außen rudimentäre gute und böse Eltern-Ich 1-Vorläufer. Die Überschneidung der Kreise symbolisiert, daß Innen und Außen noch nicht unterschieden wird.

Die Beziehungserfahrung mit der Mutter schlägt sich strukturell in der Internalisierung von guten und bösen Teilobjekten nieder. Eine pathologische Regression in diesen Bereich gespaltener und undifferenzierter Teilobjekte wäre der *Autismus*.

1.2.1.2. Bindungsphase

Zwischen dem 3. und 6. Lebensmonat strukturiert ein Baby den Großteil seiner Zeit damit, eine Beziehung zur Mutter aufzubauen. Das Verhalten des Kindes ist darauf gerichtet, eine *Symbiose* mit der Mutter einzugehen. Das Baby klammert sich aktiv an der Mutter fest und ist daran interessiert, was in seiner Umgebung geschieht. Die Symbiose ist optimal, wenn die Mutter dem Kind erlaubt, sie unbekümmert anzuschauen, wenn es die Brust oder die Flasche bekommt und wenn sie mit dem Kind spricht. Zuwendung annehmen, angelacht bzw. angeschaut werden, Blickkontakt halten etc., machen dem Baby sehr großen Spaß. Emotionale und körperliche Zuwendung haben in dieser Phase eine große Bedeutung. In der symbiotischen Phase braucht das Kind neben der guten materiellen Versorgung viel bedingungslose Zuwendung.

Die *Entwicklungsaufgabe* dieser Phase besteht darin, eine psychologische Bindung zu anderen Menschen aufzubauen. So wird der Urgrund herausgebildet, auf dem sich alle späteren menschlichen Beziehungen entwickeln können.

Während dieser Zeit entwickelt das Kind ein spezifisches Lächeln in bezug auf die Mutter, im Gegensatz zum unspezifischen Lächeln, das vorher bestand. Dieses spezifische Lächeln ist der Hinweis, daß ein *spezifisches Band* zwischen Mutter und Kind geknüpft wurde (BOWLBY, 1958).

Das Kind erlebt Lust und Freude bei der Befriedigung, Unlust und Wut bei der Nichtbefriedigung der Bedürfnisse. Das Kind kann noch nicht zwischen eigenen Gefühlen und denen der Beziehungsperson unterscheiden. Gefühle der Mutter können an das Kind weitergegeben werden und umgekehrt. Bei schmerzhaften Ereignissen und bei Unlust kann das Kind durch die körperliche Nähe der Mutter beruhigt werden, d. h. die Mutter übernimmt *entlastende Funktionen*. So lernt das Kind, daß es Trost und Entlastung bei anderen Menschen finden kann.

Die Bedürfnisse nach *körperlicher* und *emotionaler Intimität* und *Stimulation* stehen absolut im Vordergrund. Das Baby will am ganzen Körper berührt werden, damit es seine Tiefensensibilität entwickeln kann. Die Haut ist das empfindlichste Organ.

Körperselbst

Das absolute irreale subjektive Körperselbst geht in das *irreale symbiotische Körperselbst* über. Es findet eine Verschiebung von propriozeptiv-enterozeptiver Besetzung zur sensori-perzeptiven Besetzung der Peripherie des Körpers statt (MAHLER, 1975e). D. h. der Säugling verlagert sein Körpererleben schwerpunktmäßig von innen nach außen.

Im Körperbild differenziert sich ein innerer Kern und eine äußere Schicht, die sogenannte Schalenstruktur, die zur Abgrenzung des Körperselbst nach außen dient. Der Säugling lernt, seine innere und äußere Grenze wahrzunehmen. „Die inneren Empfindungen des Säuglings bilden den Kern des Selbst. Sie scheinen der zentrale Kristallisationspunkt des ‚Selbstgefühls' zu bleiben, um das herum sich das ‚Identitätsgefühl' formt (GREENACRE, 1958; MAHLER, 1958b; ROSE, 1964, 1966)" (MAHLER, 1975, S. 66).

Die Schalenstruktur, auch sensori-perzeptives Organ genannt, dient in erster Linie zur Abgrenzung des Körperselbst zur Objektwelt. Die Objektwelt wird als präobjektales Organ wahrgenommen. „Das wesentliche Merkmal der Symbiose ist die halluzinatorische-illusorische somatopsychisch omnipotente Fusion

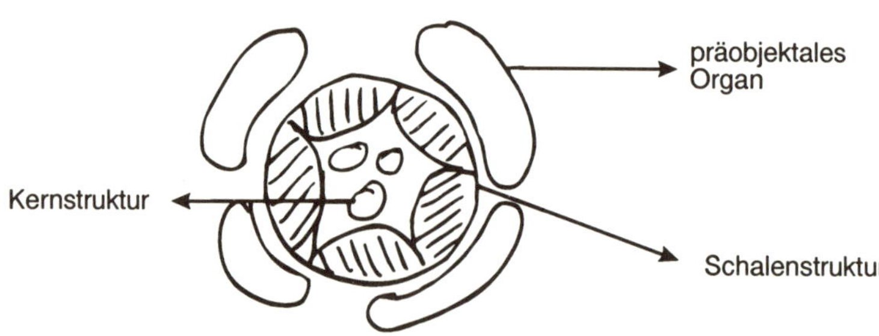

Abb. 6: Irreales symbiotisches Körperselbst (LETTNER, 1989)

mit der Mutter und insbesondere die illusorische Vorstellung einer gemeinsamen Grenze der beiden in Wirklichkeit physisch getrennten Individuen" (MAHLER, 1975, S. 63-64). Aus diesem Grunde wird die Objektwelt als erweitertes präobjektales Organ wahrgenommen.

Strukturbildung

Die internalisierten Teilobjekte werden jetzt synthetisiert zu einem guten und bösen Bild der Mutter: der „fairy good mother" (Eltern-Ich 1+) und der „wicked witch" (Eltern-Ich 1-) (WOODS und WOODS, 1982).

Das heißt, die Teilobjekte werden jetzt verschmolzen zu zwei entgegengesetzten Eltern-Ich 1-Bildern. Die befriedigenden und guten Erfahrungen mit der Mutter werden in das Eltern-Ich 1 gut (plus) und die frustierenden Erfahrungen in das Eltern-Ich 1 böse (minus) gespeichert. Durch Erinnerungsspuren werden das Eltern-Ich 1 plus und das Eltern-Ich 1 minus als polar entgegengesetzte intrapsychische Strukturen fixiert.

Es werden nicht nur gute/böse (El 1+/El 1-) innere Bilder der Mutter, sogenannte *Objektrepräsentanzen* aufgebaut, sondern auch gute/böse innere Bilder des Selbsterlebens, sogenannte Selbstrepräsentanzen. Diese *Selbstrepräsentanzen* entstehen dadurch, daß das Kind sich gut fühlt, wenn die Versorgung gelingt, und sich schlecht fühlt, wenn die Versorgung mißlingt.

In der Bindungsphase sind die Selbst- und Objektrepräsentanzen noch nicht voneinander unterschieden. Es hat noch keine Differenzierung zwischen Selbst- und Objektrepräsentanzen stattgefunden. Die beiden Selbst-Objektbilder sind aber durch polare Affektqualitäten „ganz gut" oder „ganz böse", durch die Spaltung voneinander getrennt. „Das Kind ordnet in dieser Phase seine Erfahrungen mit den Objekten primär nach der Qualität ‚lustvoll' oder ‚unlustvoll', bzw. ‚gut' oder ‚böse' und weniger nach den Kategorien ‚drinnen' oder ‚draußen'" (ROHDE-DACHSER, 1986, S. 136).

„Die Spaltung ist der erste und urtümlichste Versuch des Menschen, seine widersprüchlichen Erfahrungen mit dieser Welt bzw. den sie repräsentierenden Objekten innerlich abzubilden und gleichzeitig zu ordnen, dem Chaos eine Struktur abzuringen" (ROHDE-DACHSER, 1986, S. 137).

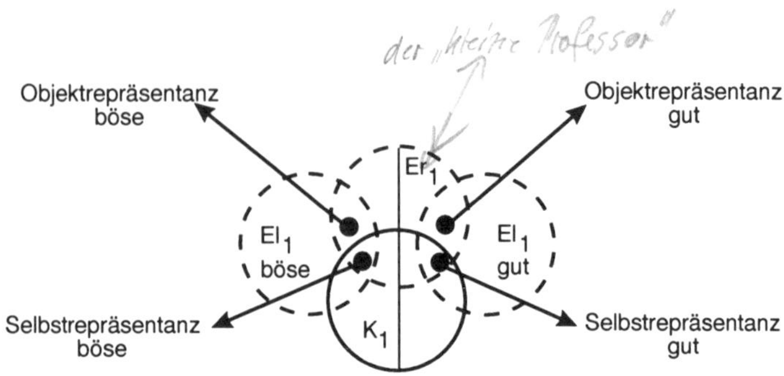

Abb. 7: Synthetisierung der guten und bösen Teilobjekte zu guten/bösen Objektrepräsentanzen und den entsprechenden Selbstrepräsentanzen

Eine pathologische Regression in diesem Bereich gespaltener, aber undifferenzierter Selbst-Objektbilder wäre typisch für die *Psychose*.

1.2.2. Phase II (6.-18. Monat)

Die zweite Entwicklungsphase dauert ungefähr vom 6.-18. Lebensmonat. Innerhalb des Kind-Ich 2 entwickelt sich das Erwachsenen-Ich 1. Durch die Entwicklung des Erwachsenen-Ich 1 ist das Kind zunehmend in der Lage, sich getrennt von der Mutter zu erleben.

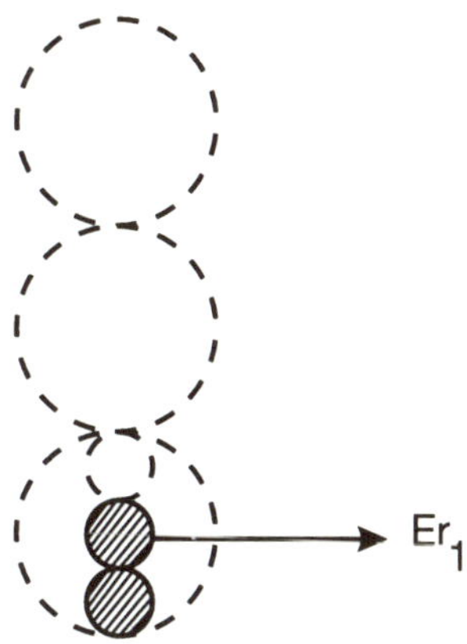

Abb. 8: Strukturanalyse II. Ordnung der Phase II

Zeitlich fällt der Beginn der *Separations- und Individuationsphase* und der Beginn der Phase II zusammen. Die Separations-/Individuationsphase wird nach MAHLER (1975) in vier Subphasen unterteilt:

1. Subphase – Differenzierung oder Separation
2. Subphase – Üben oder Exploration
3. Subphase – Wiederannäherung
4. Subphase – Konsolidierung und Objektkonstanz

Die ersten beiden Subphasen Differenzierungs- und Übungsphase fallen zeitlich in die Phase II, die Bewältigung dieser Subphasen hängt entscheidend von der Entwicklung des Erwachsenen-Ich 1 ab. Durch das Erwachsenen-Ich 1, auch der „kleine Professor" genannt, der durch seine außerordentlich große Neugierde gekennzeichnet ist, hat das Kleinkind die Möglichkeit, sich getrennt und unterschiedlich von der Mutter zu erleben und die Welt der unbelebten Dinge zu erforschen. Das Kind hat das Bedürfnis, alles zu untersuchen, was man untersuchen kann. Es will wissen, wie etwas aussieht, riecht, schmeckt und sich anfühlt. Es entwickelt ein „Liebesverhältnis mit der Welt" (GREENACRE, 1957, zit. nach MAHLER, 1975, S. 93).

Die Entwicklung des Erwachsenen-Ich 1 ist die Basis für die spätere Entwicklung des Erwachsenen-Ich 2.

1.2.2.1. Subphase Differenzierung und Separation (6.-9. Monat)

Ab dem 6. Monat zeigt das Kind Verhaltensweisen, die darauf deuten, daß eine Loslösung und Individuation aus der Symbiose stattfindet. Der Säugling stemmt sich gegen den Körper der Mutter, um die Mutter besser sehen zu können (MAHLER, 1975, g). Er fängt an, das Gesicht der Mutter zu erforschen, er zieht die Mutter an den Haaren, er steckt ihr Nahrung in den Mund, berührt das Gesicht der Mutter, entdeckt Kleidungsstücke der Mutter und untersucht eine Brosche oder die Brille (MAHLER, 1975, h). Es kommt zu einer Differenzierung des Körperbildes des Kindes und der Mutter. Die eigenen Körpergrenzen und die der Mutter werden überprüft durch Tasten, Riechen, Hören und Sehen. Es kommt zu einem Ausschlüpfen aus der *Zwei-Einheit* mit der Mutter. Das Kind möchte aus den umfangenden Armen der Mutter hinauswachsen und ein klein wenig von ihr fern sein. Sobald es motorisch dazu in der Lage ist, gleitet es vom Schoß der Mutter und spielt zu ihren Füßen.

Das Kind fängt an, sich für die Mutter zu interessieren und scheint sie mit anderen zu vergleichen. Es macht sich damit vertraut, was die Mutter ist, wie sie sich anfühlt, riecht, aussieht und welchen Ton sie in ihrer Stimme hat (MAHLER, 1975, f). Dieses Phänomen nennt man „nachprüfen" (MAHLER, 1975, S. 76). Fremden zeigt es anfangs eine gewisse Scheu (Fremdenangst). Sobald der Fremde aber seinen Blick abwendet, versucht das Kind eifrig etwas über den Fremden herauszufinden (MAHLER, 1975, f).

Im Alter von 6-9 Monaten besteht die *Entwicklungsaufgabe* des Kindes darin, aus der Zwei-Einheit (Symbiose) auszuschlüpfen. Das Kind wird wacher, es bekommt einen neuen Blick. Dieser läßt Wachheit, Ausdauer und Zielgerichtetheit erkennen (MAHLER, 1975, g).

Körperselbst

In der Separationsphase beginnt die *spezifische Subjekt-Objekt-Organisation* des Körperselbst. Die vorherige Phase war vorwiegend durch die spezifische *Subjekt-Organisation* gekennzeichnet. Reize von Außen fördern die Schalenstrukturierung. Am Anfang der Separationsphase, 6.-9. Monat, werden die äußeren Objekte nur verschwommen wahrgenommen. Gelegentlich vergleichbar mit einem Photoapparat, der scharf eingestellt wird, erscheinen die Objekte scharf und deutlich und dann verschwimmen sie wieder (LETTNER, 1989).

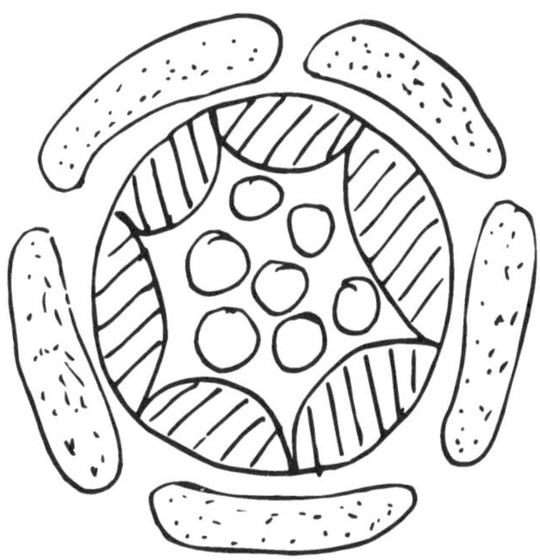

Abb. 9: Spezifische Subjekt-Objekt-Organisation (LETTNER, 1989)

Gegen Ende der Differenzierungs- und Separationsphase (12.-13. Monat) hat die Subjekt-Objekt-Differenzierung soweit zugenommen, daß das Kind sich getrennt von der Mutter wahrnimmt. Es kommt gleichzeitig zu einer zunehmenden Objektstrukturierung.

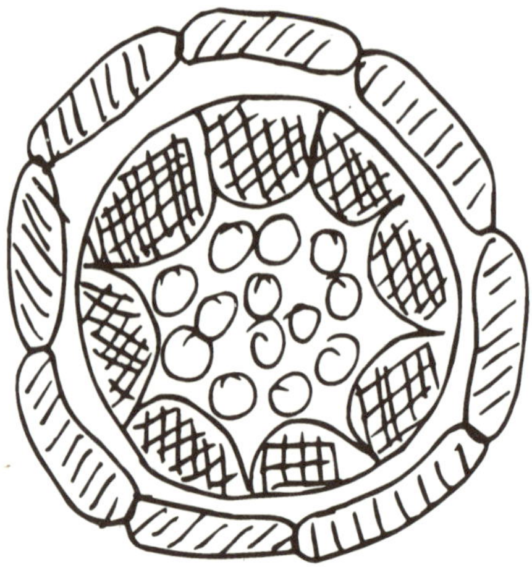

Abb. 10: Zunehmende Differenzierung der Subjekt-Objekt-Organisation (LETTNER, 1989)

Trotz Subjekt-Objekt-Differenzierung erlebt das Kind eine große Abhängigkeit von der Mutter (allgegenwärtige Mutter). Die Autonomieentwicklung im Sinne des Sich-Distanzschaffens ist faktisch erst in statu nascendi. Das Kind „steckt im umgebenden Mutterkörper". Bei Objektdominanz durch zu geringe Distanz fühlt es sich darin eher erdrückt, bei Objektkonstanz durch optimale Distanz erweitert, und bei Objektinkonstanz durch zu große Distanz fühlt es sich verlassen (LETTNER, 1989).

Durch die stützende und entlastende Funktion der Mutter beginnen sich Aktionsschemata höherer Ordnung zu realisieren, die die zunehmenden motorischen Fertigkeiten wie Greifen, Krabbeln usw. beinhalten. Die Gefühle sind mittlerweile differenzierter. Das Kind lernt zwischen Wut, Angst, Freude, Schmerz und körperlichen Sensationen zu unterscheiden. Diese Gefühle sind eine Reaktion auf eine bestimmte Situation:

- Wut, wenn es sich gehemmt fühlt,
- Schmerz und Trauer, wenn es etwas verloren hat,

- Angst bei unerwarteten lauten Geräuschen und beim Verlassenwerden.

Diese Gefühle werden von den Gefühlen der Mutter zunehmend mehr unterschieden. Doch kann das Kind oft die Ursachen dieser Gefühle nicht genau differenzieren, z. B. Schmerzen beim Zahnen werden oft erlebt, als ob sie von der Mutter verursacht würden.

Das zentrale *Bedürfnis* ist die Loslösung von der Mutter, das Erlernen der Fähigkeit, sich von ihr getrennt zu erleben. Das Kind braucht dazu allerdings die liebevolle Zuwendung der Mutter und die Erlaubnis, es selbst sein zu dürfen und sich von ihr zu trennen, ohne die Zuneigung der Mutter zu verlieren.

In der Subphase der Differenzierung besteht die *Entwicklungsaufgabe* des Kindes, aus der Zwei-Einheit mit der Mutter auszuschlüpfen und die damit verbundene Trennung und Differenzierung durchzuführen.

Strukturbildung

Im diesem Entwicklungsschritt, ungefähr vom 6. bis zum 18. Lebensmonat des Kindes, findet eine Differenzierung zwischen Mutter und Kind statt. Allerdings bleiben am Anfang der Differenzierungs- und Separationsphase (6.-9. Monat) die inneren Bilder vom Selbst und von den Objekten (Selbst- und Objektrepräsentanz) nur unscharf voneinander differenziert. In einem Übergangsbereich fließen sie immer wieder ineinander. Die Spaltung zwischen positiv und negativ besetzten Teileinheiten wird aufrechterhalten. Das gute Selbstbild, welches sich in diesem Prozeß allmählich herausbildet, bleibt scharf von dem bösen Selbstbild separiert. Das Gleiche gilt für die entstehenden guten und bösen Objektbilder. „Dabei setzt sich das ‚gute Selbst' zu einem ‚guten Objekt' in Beziehung (spiegelbildlich auch das ‚böse Selbst' zum 'bösen Objekt')" (ROHDE-DACHSER, 1986, S. 137).

Das bedeutet, daß die getrennten Einheiten der Selbst- und Objektrepräsentanzen durch eine Affektdisposition verbunden sind.

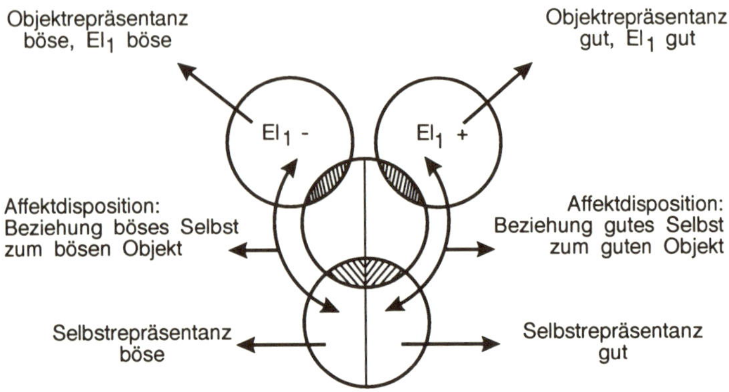

Abb. 11: Schizotypische Struktur

Eine pathologische Regression in diesen Bereich gespaltener, aber noch unscharf voneinander differenzierter Selbst- und Objektbilder wäre typisch für eine *schizotypische Persönlichkeitsstörung* (DSM-III-R).

Zwischen dem 12. und 13. Monat schreitet die Differenzierung zwischen Selbst- und Objektrepräsentanz fort, bis eine klare Trennung der nach wie vor gespaltenen Selbst- und Objektrepräsentanzen stattgefunden hat.

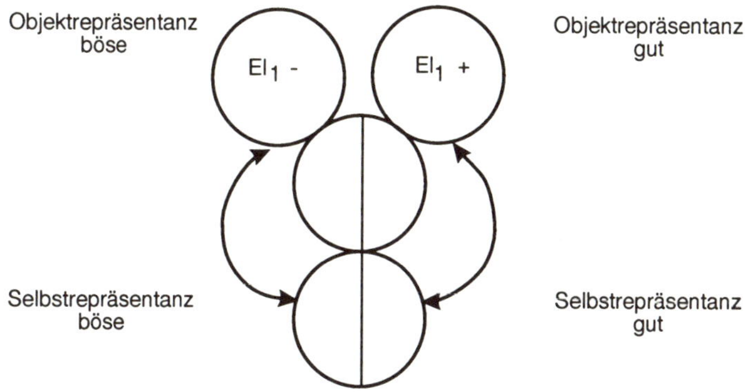

Abb. 12: Borderline-Struktur

Eine pathologische Regression in diesen Bereich gespaltener, aber klar voneinander differenzierter Selbst-Objektbilder ist typisch für die *Borderline-Persönlichkeitsstörung (DSM-III-R).*

1.2.2.2. Subphase Exploration 9.-18. Monat

Nach der Subphase der Differenzierung und Separation folgt die *Subphase Exploration.* Sie dauert ungefähr vom 9.-18. Monat.

Das Kind fängt an zu krabbeln, zu watscheln und zu klettern (Aktionsschemata höherer Ordnung). Infolge der zunehmenden motorischen Reifung kann es sich aufrichten und aktiv die Mutter verlassen. Es ist mehr und mehr an den unbelebten Dingen interessiert, aber das Interesse an der Mutter hat noch Vorrang. Es braucht eine „optimale Distanz" zur Mutter. Nicht zu weit weg, um sich sicher zu fühlen, aber auch weit genug entfernt, um die Umwelt zu erforschen. Über jede Entdeckung und neues Können ist das Kind entzückt. Es besteht eine unbändige Funktionslust mit einem Stimmungshoch und *narzißtischen Allmachts-*

phantasien. Das Selbstwertgefühl ist auf dem Höhepunkt. Das Kind glaubt, es ist allmächtig, und die Welt gehört ihm. Es ist relativ schmerzunempfindlich, so daß es Püffe, Hinfallen und andere Frustrationen gut tolerieren kann.

Das Kind braucht die Mutter zum „emotionalen Auftanken" (MAHLER, 1975, S. 92). Wenn es sich von seiner Abenteuerlust erholen will, geht es zur Mutter und tankt emotionale Energie auf. Die Mutter wird zur sogenannten Heimatbasis, von der aus die Erforschung der Umwelt stattfindet. Bei der Mutter wird das Bedürfnis nach körperlicher und emotionaler Nähe befriedigt (auftanken), um sich dann wieder der Umwelt zuzuwenden. In dieser Zeit „gehört dem Kind die Welt".

Körperselbst

In der Subphase der Differenzierung war das Kind sehr damit beschäftigt, zwischen dem subjektiven Körperschema und dem objektstrukturierenden Schema hin und her zu wechseln, um die Differenzierung und Separierung voranzutreiben. Es pendelte zwischen intensivem sich Anschmiegen an die Mutter und dem Expansionsstreben hin und her. Tritt zu einem Zeitpunkt die Objektstrukturiertheit in den Hintergrund, dann fühlt sich das Kind zur Mutter hingezogen und möchte mit ihr symbiotisch verschmelzen. Tritt die Subjektstrukturiertheit in den Hintergrund und damit die Objektstrukturiertheit in den Vordergrund, dann will es mit großem Interesse seine Umwelt entdecken und erforschen (LETTNER, 1989).

In der Übungsphase nimmt das Bedürfnis zur Objektstrukturierung durch das Erforschen der Welt und der ungelebten Objekte zu. Das Kind braucht allerdings auch die stützende und entlastende Funktion der Mutter. Es erlebt die Mutter als eine grandiose Erweiterung seines Körperselbst. Es hat das Gefühl, es sei der Nabel der Welt, und alles dreht sich um es und seine phantasierte Grandiosität. Es überschätzt seine Allmacht und hält sich die Illusion aufrecht, daß es die magischen Kräfte der

Mutter besitzt und eine absolute Herrschaft über sie hat (JOHNSON, 1987, a).

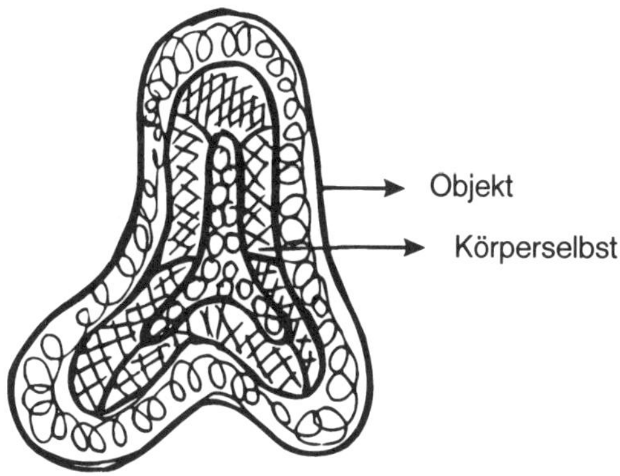

Abb. 13: Das Objekt als erweitertes Körperselbst (LETTNER, 1989)

Das Kind lernt in dieser Phase viele neue motorische Fertigkeiten wie Laufen, Essen usw. Mit dem Laufenlernen erweitert sich der Aktionsradius erheblich. „Die aufrechte, freie Fortbewegung scheint für viele Mütter den entscheidenden Beweis darzustellen, daß ihr Kind es *geschafft* hat" (MAHLER, 1975, S. 97). In der Explorationsphase lernt das Kind, wie die Welt zusammenhängt. Dies ist notwendig für die spätere Entwicklung des Erwachsenen-Ichs. Es lernt perspektivisch zu sehen, den Unterschied zwischen Menschen, Tieren, Dingen und zwischen tot und lebendig. Unlustgefühle werden durch Rufen und Schreien gezeigt.

Das Kind lernt, seine Gefühle von den Gefühlen der Mutter zu unterscheiden. Allerdings kann es auch lernen, das zu fühlen, was die Mutter fühlt. So lernt es z. B., Wut in Angst zu übersetzen oder Angst in Wut. Wenn das Kind überhaupt keine Gefühle äußern darf, tritt oft Verwirrung auf. Fühlt sich das Kind im Stich gelassen, können Angst, Wut oder Trauer entstehen. Es kann zu einer Depression kommen, wenn das Äußern dieser Gefühle nicht zu einer Wiederherstellung der früheren Verhältnisse führt. In dieser Phase können auch körperliche Beschwerden oder körperliche Symptome entstehen. Das Kind kann dann keinen Bezug mehr zwischen körperlicher Wahrnehmung und den verschiedenen Gefühlen herstellen.

Strukturbildung

Die Spaltung in den vorhergehenden Entwicklungsphasen hatte die Funktion, die Erfahrung von Lust und Unlust bzw. von gut und böse strikt getrennt zu halten. Diese Erfahrungen strukturierten sich psychisch in gute und böse Selbst-Objektbilder. Diese Selbst-Objektbilder sind gegen Ende der Separations-Differenzierungsphase zwar noch in gute und böse Selbst-Objektbilder gespalten, aber klar voneinander differenziert.

In der Übungsphase ist das vorherrschende Thema nicht die Polarität gut und böse, sondern die Polarität *Allmacht und Ohnmacht*. In der Übungsphase sind die narzißtischen Allmachtsgefühle auf ihrem Höhepunkt. Die Mutter wird als erweitertes Selbst erlebt. Die Erweiterung des eigenen Selbst schützt das Kind vor der Erfahrung der Ohnmacht. Damit ist allerdings verbunden, daß die Realität noch nicht voll wahrgenommen wird, um die Erfahrung der eigenen Verletzbarkeit und Begrenztheit, und damit der Ohnmacht, zu vermeiden.

In dieser Subphase besteht die versorgende Funktion der Mutter im wesentlichen darin, das Kind in seiner Grandiosität zu spiegeln, auch wenn die Allmachtsgefühle jeder realistischen Grundlage entbehren. Übernimmt die Mutter diese spiegelnde Funktion nicht, dann erlebt das Kind seine Verletzbarkeit, Begrenztheit und damit seine Ohnmacht.

So werden nun zwei durch die Spaltung getrennte Selbst-Objektbilder internalisiert, die nicht mehr durch die Erfahrung von

Lust/Unlust bzw. gut/böse bestimmt werden, sondern durch die Erfahrung von Allmacht und Ohnmacht.

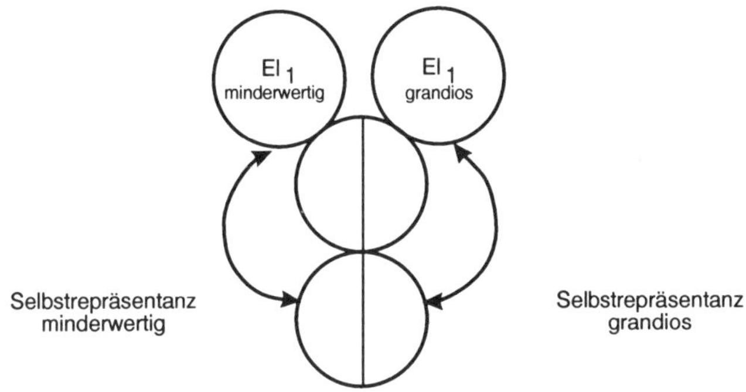

Abb. 14: Narzißtische Struktur

Eine pathologische Regression in diesen Bereich gespaltener (Macht/Ohnmacht), aber klar voneinander differenzierter Selbst- und Objektbilder, bei illusionärer Aufrechterhaltung der Allmacht und dem Verleugnen der Ohnmacht, wäre typisch für die *narzißtische Persönlichkeitsstörung* (DSM-III-R).

1.2.3. Phase III (18. Monat – 3. Lebensjahr)

Die 3. Entwicklungsphase dauert ungefähr vom 18. Monat bis zum 3. Lebensjahr. In der Regel hat das Kind bis zum 18. Monat Laufen gelernt. Die kognitiven Funktionen sind soweit ausgereift, daß sich jetzt das Erwachsenen-Ich 2 strukturell zu entwickeln beginnt. Nach PIAGET (1936) ist der Anfang der III. Phase der Beginn der Entwicklung der *begrifflichen Intelligenz.*

Abb. 15: Strukturanalyse II. Ordnung der Phase II

Die freie Fortbewegung und die Entwicklung der begrifflichen Intelligenz sind die „mächtigen Organisatoren" (SPITZ, 1965, zit. nach MAHLER, 1985, S. 101), die den Prozeß der psychischen Geburt vorantreiben, der darauf abzielt, daß sich das Kind als eigenständige Identität, d.h. als getrennte individuelle Einheit, (MAHLER, 1975, j) erlebt. Das Kind hat in der Phase III ein großes Bedürfnis nach Informationen. Die Sprache ist soweit entwickelt, daß es die Information auch abfragen kann. Bei sinnvollen Informationen kann es sich leichter anpassen, sonst braucht es Zeit, um nachzudenken. Es will die Konsequenzen von dem, was es tut oder nicht tut, wissen. Das Kind hat das Bedürfnis nach Klarheit und konsequenten Grenzen. Es probiert durch einen Machtkampf allerdings auch aus, ob es diese Grenzen nicht verschieben kann.

Die Mutter übernimmt jetzt mehr und mehr *steuernde Funktionen* (LETTNER, 1989). Steuernde Funktionen heißt, daß die Mutter das Kind anhält, sozial kompetentes Verhalten zu lernen, damit es in der Lage ist, die Welt mit anderen zu teilen. Dazu ist es notwendig, daß das Kind optimal frustriert wird, damit es sowohl die *symbiotischen Wünsche* als auch die *Allmachtswünsche* abbaut.

Die Subphase der Wiederannäherung und Konsolidierung fallen zeitlich in die Phase III.

Wiederannäherungsphase

Das Kind lernt und erkennt allmählich, daß seine Liebesobjekte (Eltern) getrennte Individuen mit eigenen Interessen sind. Unter Schmerzen muß es die wahnhafte Vorstellung seiner eigenen Größe und die direkte emotionale Verfügbarkeit der Objekte aufgeben.

Es kommt zu dramatischen Kämpfen – der sogenannten *Wiederannäherungskrise* –, denn das Kind muß akzeptieren, daß seine Wünsche nicht immer mit den Wünschen der Mutter, und umgekehrt, die Wünsche der Mutter nicht mit seinen übereinstimmen. Die Omnipotenz des kleinen „Weltbeherrschers" wird sehr in Frage gestellt (LETTNER, 1989).

Es ist für das Kind anfangs eine Bedrohung, daß bestimmte andere Menschen, außer der Mutter, eine echte Bedeutung für es bekommen. Als wäre dies mit der ausschließlichen Beziehung zur Mutter unvereinbar. So kann ein Loyalitätskonflikt entstehen (LETTNER, 1989).

In der Wiederannäherungskrise wirbt das Kind um das Interesse der Mutter, ohne deren liebevolle Zuwendung es nicht auskommt. Es bringt Geschenke, zeigt was es kann, erfindet Spiele usw. Die Stimmung kann aber auch umschlagen in Unzufriedenheit, Unersättlichkeit und Wutausbrüche. Die Mutter wird in schneller Folge weggestoßen, und dann klammert sich das Kind wieder an die Mutter an. Die Beziehung zur Mutter ist *stabil-instabil.* Ab dem 21. Monat lassen die Wiederannäherungskämpfe nach.

Die *Entwicklungsaufgabe* der Wiederannäherungsphase besteht darin, daß zwei menschliche Grundpolaritäten integriert werden müssen:

1. Symbiose – Individuation
2. Allmacht – Ohnmacht

Dem *symbiotischen Charakter* (JOHNSON, 1987, S. 57) gelingt die Integration der ersten Polarität nicht, sondern er regrediert in symbiotisches, anklammerndes Verhalten.

Dem *narzißtischen Charakter* (JOHNSON, 1987, S. 57) gelingt die Integration der zweiten Polarität „Grandiosität – Ohnmacht" nicht, und er regrediert in grandioses Verhalten oder in chronische Minderwertigkeitsgefühle. Dadurch wird seine Individuation behindert, weil er niemals sich selber wird, sondern sich an die phantasierten Ideale und Leistungen seiner Umwelt anpaßt. So entsteht das falsche Selbst. Die Wiederannäherung stellt den ersten Versuch des Individuums dar, seinen idealisierten Traum, der die Illusion der Symbiose und der eigenen Großartigkeit beinhaltet, mit der Realität des Daseins in Einklang zu bringen, die Getrenntsein und Begrenztheit einschließt (JOHNSON, 1987, b). Damit ist die Wiederannäherungsphase auch eine *Annäherung an die Realität.* Das Kind muß seine Allmachtsgefühle und seine symbiotischen Illusionen und die damit verbundenen Phantasien an der Realität korrigieren.

Durch die Entwicklung des Erwachsenen-Ich ist es strukturell in der Lage, sich der äußeren Realität anzunähern, ohne die innere Realität zu verleugnen. **Mit anderen Worten, das Erwachsenen-Ich ist die strukturelle Voraussetzung, um die Polaritäten: Gute und böse Selbst- und Objektrepräsentanzen, narzißtische Allmacht und Ohnmacht zu integrieren und damit die Spaltung aufzuheben.**

SETTLAGE (1977) hat folgende Entwicklungsaufgaben im Stadium der Wiederannäherungsphase angeführt:

1. Kognitive Beherrschung der verstärkten Trennungsangst,
2. Bekräftigung des Urvertrauens,

3. allmählicher Abbau und Verzicht auf die Omnipotenzgefühle, die in der symbiotischen Zweisamkeit mit der Mutter erlebt werden,
4. allmähliche Kompensation des geschrumpften Allmachtsgefühls durch Entwicklung des Autonomiebewußtseins,
5. eine Festigung des vorhandenen Selbstwertgefühls,
6. Entwicklung der Kontrolle und Modulation starker aggressiver und libidinöser Affekte.

Körperselbst

Das Kind zieht sich aus dem phantasierten erweiterten Körperselbst der Mutter zurück. Es nähert sich der Mutter wieder an, um an ihrer phantasierten Grandiosität teilzuhaben. Das Körperschema wird durch optimale Frustration immer realer, da die symbiotische Illusion und die Grandiosität aufgegeben werden. Durch die zunehmende Objektdifferenzierung erlebt das Kind die „allgegenwärtige Mutter" immer differenzierter. In der Wiederannäherungsphase wird die Differenzierung zwischen Mutterobjekt und Nicht-Mutterobjekt zunehmend stabiler. Gleichzeitig entwickelt es eine Distanzerfahrung im Sinne einer ersten „rudimentären Raumerfahrung". Bis jetzt war die Mutter kein „echtes Gegenüber", sondern hatte eher die Qualität eines „Leibeigentums", das den kindlichen Körper allseits umgibt. Durch die fortschreitenden Differenzierungsprozesse schwindet „der umgebende Mutterkörper". Das Grandiositäts- und Omnipotenzerleben reduziert sich dadurch wesentlich. Das Kind zieht sich schrittweise aus dem „irrealen Mutterorgan" zurück und findet so zu seinen realen Körpergrenzen und Körperdimensionen (LETTNER, 1989).

Mädchen werden häufiger von ihren Eltern als Objekte zur Befriedigung anhaltender symbiotischer Bedürfnisse benutzt, während Jungen eher als Objekte unangemessener Idealisierung benutzt werden (JOHNSON, 1987, c).

Dies wäre neben soziokulturellen Einflüssen ein Erklärungsmodell, warum zwei Drittel aller Borderline-Patienten Frauen sind und eine Großzahl der Männer narzißtisch gestört ist.

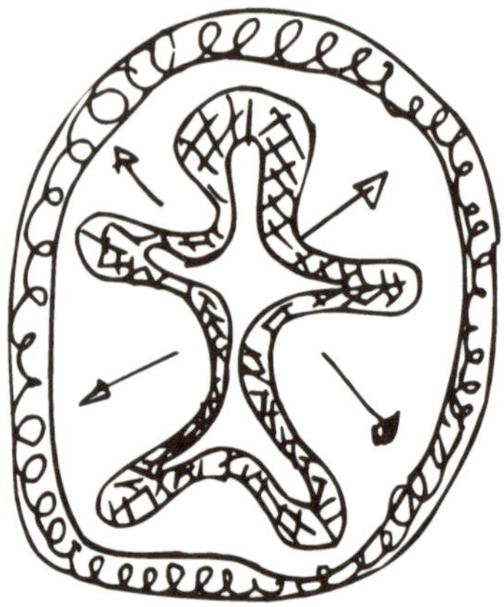

Abb. 16: Das Körperselbst zieht sich aus dem es umgebenden Mutterobjekt zurück (LETTNER, 1989)

1.2.3.1. Subphase Konsolidierung

Gegen Ende des 3. Lebensjahres ist das Kind in der Lage, das „gute" und „böse" Bild der Mutter zu einem einzigen Bild der Mutter zu verschmelzen, d. h. es kann jetzt die Mutter als liebe und böse Mutter gleichzeitig internalisieren und als ganze Person lieben. Dies ist die Voraussetzung für *Beziehungskonstanz* und für die Entwicklung eines relativ *stabilen Selbstwertgefühls*. Das Kind hat eine echte Bindung zum Du, zur Mutter gefunden. Dieses realistische Bild der Mutter (gute-böse Mutter) kann introjiziert und während der Trennung von der Mutter innerlich aufrechterhalten werden. Es entsteht so ein inneres Bild der Mutter. Mit diesem inneren Bild kann das Kind die Abwesenheit der Mutter ertragen, ohne aus dem emotionalen Gleichgewicht zu kommen.

Die Entwicklungsaufgabe dieser Phase besteht darin, daß das Kind die Spaltung aufhebt und ein ganzes Bild der Mutter entwickelt, damit es bei der Trennung von der Mutter darauf zurückgreifen kann. Zum anderen muß es die Illusion der symbiotischen Allmacht und die narzißtische Allmacht der Übungsphase aufgeben. Das bedeutet, es muß Getrenntsein und Begrenzung tolerieren. Weiterhin muß es lernen, logisch zu denken und sich anderen anzupassen. Nach KOUWENHOVEN (1985) lernt das Kind, mit anderen Menschen zusammenzuarbeiten. Das heißt, es muß die narzißtische Position, das „Zentrum der Welt" zu sein, aufgeben und die Welt mit anderen teilen. Es muß seine Bedürfnisse auf eine akzeptable Weise anmelden und in Absprache mit anderen befriedigen. Um diese Zusammenarbeit mit anderen zu realisieren, ist es notwendig, sich zu beherrschen, Informationen zu behalten und einschätzen zu lernen, welche Beziehungskonsequenzen das eigene Verhalten bei anderen auslöst. Oft ist das Kind in dieser Phase niedergeschlagen, da es seine Allmachtsphantasien, das Zentrum der Welt zu sein, abtrauern muß.

Körperselbst

Das Kind „schrumpft" auf seine normale Größe. Die Mutter wird ein echtes Gegenüber. Das dreidimensionale Erleben beginnt

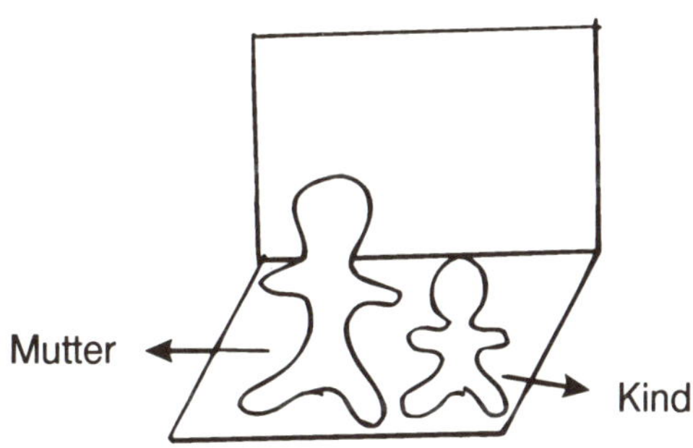

Abb. 17: Das Körperselbst in der dreidimensionalen Wirklichkeit (LETTNER, 1989)

sich auszubilden, und damit wird im Körpererleben die dreidimensionale Realität Wirklichkeit. So erlebt das Kind einerseits die „reale Mutter". Durch die Identifikation mit dieser realen Mutter und der Fusionierung ihrer guten und bösen Anteile wird das Mutterbild in das Eltern-Ich 1 übernommen. Zum anderen wird durch die Entwicklung der dritten Raum-Dimension die Realität in all ihren Aspekten wahrgenommen.

Strukturbildung

Es kommt zum Verschmelzen der guten und bösen Selbstrepräsentanzen und zur Verschmelzung der guten und bösen Objektrepräsentanzen. Durch diese Verschmelzung, bei der die Spaltung aufgehoben wird, entsteht ein einigermaßen realistisches Selbstbild, dem ein ebenso realistisch wahrgenommenes Objekt gegenübertritt. BLANCK und BLANCK (1979, S. 79) nennen diesen Schritt *„den Angelpunkt der Entwicklung"*, jenseits dessen die Objekte ambivalent erlebt werden können. Dies bedeutet, das

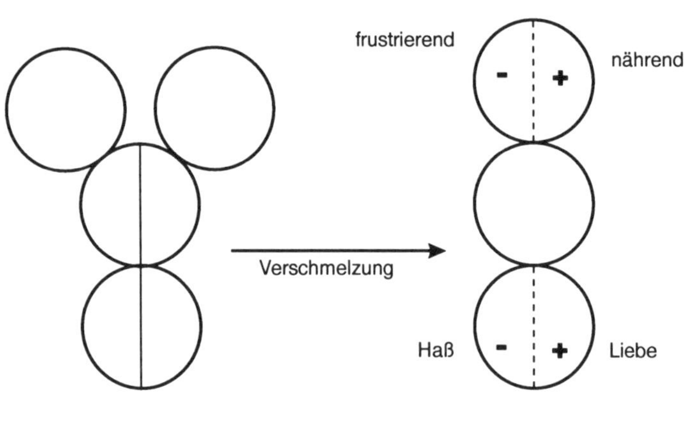

Abb. 18: Verschmelzung der guten/bösen Selbst- und Objektrepräsentanzen und Aufhebung der Spaltung

Kind lernt, die Beziehung trotz widerstreitender Gefühle (Liebe-Haß) aufrechtzuerhalten. Zusätzlich muß es in dieser Phase lernen, nicht mehr das Zentrum der Welt zu sein und die Welt mit anderen zu teilen. Dazu ist es notwendig, Selbst-Objektbilder, Allmacht und Ohnmacht zu verschmelzen und die narzißtische Spaltung aufzuheben.

Durch die Verschmelzung und Aufhebung der Spaltung erwirbt das Kind die Fähigkeit zur Objekt- und Beziehungskonstanz. Nach MAHLER hat damit die *psychische Geburt* des Kindes stattgefunden.

Das Kind muß bis zur psychischen Geburt in rascher Folge drei Aufgaben bei der Verinnerlichung der Objektbeziehungen erfüllen:

1. Es muß die Selbst- und Objektrepräsentanzen differenzieren.
2. Es muß die durch die Spaltung getrennt gehaltenen bösen und guten Selbst- und Objektrepräsentanzen integrieren.
3. Es muß die Illusion symbiotischer Allmacht, der Zwei-Einheit der Bindungsphase und die narzißtische Allmacht der Übungsphase aufgeben und sich der Realität nähern.

Bei der *Psychose* mißlingt die 1. Entwicklungsaufgabe. Eine pathologische Verschmelzung oder Wiederverschmelzung läßt die Differenzierung der Selbst- und Objektrepräsentanzen scheitern.

Im Gegensatz dazu ist bei der *Borderline-Persönlichkeitsstruktur* die Differenzierung zwischen Selbst- und Objektrepräsentanzen hinreichend weit gediehen. Die zweite Entwicklungsaufgabe, nämlich die Integration der durch die Spaltung getrennt gehaltenen bösen und guten Selbst- und Objektrepräsentanzen, scheitert bei der *Borderline-Persönlichkeitsstruktur* in hohem Maße. Dadurch gelingt es diesen Patienten nicht, die Fähigkeit zu Objekt- und Beziehungskonstanz zu entwickeln.

Die dritte Entwicklungsaufgabe, die Illusion der symbiotischen Allmacht aufzugeben, gelingt dem Borderline-Patienten nur zeitweilig. Er ist in der Ambitendenz zwischen symbiotischen Verschmelzungswünschen und Individuationswünschen gefangen. Dadurch ist sein Beziehungsmuster durch Stabilität-Instabilität gekennzeichnet.

Dem *narzißtischen Patienten* gelingt es nicht, die Allmacht- und Omnipotenzphantasien aus der Übungsphase zu überwinden. Entsprechend sind seine Beziehungen nur eine narzißtische Erweiterung seiner Grandiosität oder Ohnmacht. Er ist auf die Spiegelung und das Echo seiner Umgebung angewiesen, die seine Grandiosität bestärken.

2. Diagnose des Borderline-Syndroms

2.1. Einleitung

Manche Psychiater lehnen heute noch die Diagnose Borderline-Syndrom ab. Sie ordnen diese Erkrankung entweder dem neurotischen oder dem schizophrenen Formenkreis zu.

Als J. SCHIFF uns vor etlichen Jahren in der Klinik besuchte, bat ich sie, unsere Patienten, bei denen wir ein Borderline-Syndrom diagnostiziert hatten, zu diagnostizieren. Sie stellte ausnahmslos die Diagnose: Schizophrenie oder „Psychotics". Zur Zeit befinden wir uns in der Psychiatrie, bezogen auf die Diagnostik, in einer Umbruchzeit. Früher wurde eine ätiologische Diagnostik bevorzugt. Die Entscheidungsdichotomie lautete ursachenbezogen: endogen versus psychogen (oder exogen).

Zunehmend wird diese ätiologische Diagnostik durch die deskriptive, phänomenologische Diagnostik, wie sie von der DSM-III-R repräsentiert wird, ersetzt. Durch diese operationalisierte Diagnostik hat die Verläßlichkeit (Reliabilität) der psychiatrischen Diagnostik in den letzten 20 Jahren erheblich zugenommen. Übereinstimmungen in der Diagnostik bestehen heute in 80-93% (ANGST, 1987).

Da diese Veränderung der Diagnostik nur aus dem geschichtlichen Zusammenhang nachvollziehbar ist, soll die Geschichte des Begriffs Borderline-Syndrom dargestellt werden.

2.1.1. Geschichtliches zum Begriff „Borderline-Störung"

Einer der umstrittensten Diagnosen im Bereich der Psychiatrie war die Diagnose des Borderline-Syndroms. Sie war oftmals eine Verlegenheitsdiagnose (ähnlich der vegetativen Dystonie in der Organmedizin), wenn man sich nicht klar für eine Neurose, eine

Charakterstörung oder eine Psychose entscheiden konnte. Um 1884 wurde von HUGHES von einem „Borderland" gesprochen. Auch ROSSE (1890), CLARK (1919) und MOORE (1921) benutzten den Begriff Borderline als eine sporadische Bezeichnung für neurotische und psychotische Randformen.

1938 bezeichnete der Psychoanalytiker STERN eine Gruppe von Neurosen mit Borderline. KRAEPELIN (1903/1904) wies in der 7. Auflage seines Lehrbuches, im Kapitel über Psychopathien, auf ein Zwischengebiet zwischen krankhaften Zuständen und persönlichen Eigenheiten hin. Hieraus entstand aus der englischen Übersetzung die Bezeichnung „Borderline-States" bzw. „Borderline" (JANZARIK, 1978).

In der 8. Auflage seines Lehrbuches (1909-1915) beschrieb KRAEPELIN eine kleine Gruppe auffälliger Persönlichkeiten im Kapitel über die Dementia praecox, die er als die Dementia simplex bzw. als latente Schizophrenie nach BLEULER (1911) bezeichnete. 1953 wurde von KNIGHT die Beeinträchtigung der Ich-Funktionen bei Borderline-Patienten beschrieben. DEUTSCH (1965) entwickelte 1942 den Begriff der „Als-ob-Persönlichkeit". FROSCH (1964) sprach vom psychotischen Charakter. SCHMIEDEBERG (1959), CHESSIK (1966) und andere Autoren beschrieben die Neigung von Borderline-Patienten zu pseudo-psychopathischen Verhaltensweisen bzw. episodisch auftretendem multiplen Suchtverhalten und ihre charakteristische Tendenz zum „Acting out" innerhalb und außerhalb der Therapie. „Stabile Instabilität" der Persönlichkeit der Borderline-Patienten beschrieb SCHMIEDEBERG (1959).

Die enge Beziehung des Borderline-Syndroms zum schizophrenen Formenkreis wird in einer Reihe früherer Beschreibungen deutlich, die an die Auffassung BLEULERS (1911) von der latenten Schizophrenie anknüpften. Unter verschiedenen Umformungen gingen sie in die Konzepte der ambulatorischen (ZILBOORG, 1941), subklinischen (PETERSON, 1954), abortiven (MAYER, 1950) oder pseudopsychopathischen (DUNAIF und HOCH, 1955) Schizophrenie ein.

HOCH und POLATIN (1949) beschrieben das Borderline-Syndrom als pseudo-neurotische Schizophrenie und gingen davon aus, daß es sich um eine untypische Form der Schizophrenie handeln würde.

Die Monographie von GRINKER (1968) stellt die erste systematische, prospektive, empirische Sammlung von symptomatologisch-deskriptiven Daten dar, die an einer Gruppe von 51 Borderline-Patienten erhoben worden waren. GRINKER arbeitete bei den Borderline-Syndromen 4 Untergruppen heraus:

Bei Typ 1 steht der Patient an der Grenze der Psychose.

Typ 2 stellt das Kern-Borderline-Syndrom dar.

Typ 3 wird ähnlich wie die „Als-ob-Persönlichkeiten" charakterisiert.

Bei Typ 4 steht der Patient an der Grenze zur Neurose.

SPITZER und ENDICOTT führten 1979 eine groß angelegte Studie durch. Dabei wurden bei mehr als 800 von Psychiatern in den USA diagnostizierten Borderline-Fälle mit Hilfe der Faktoren- und Diskriminanzanalyse zwei diagnostische Untergruppen festgestellt:

1. Die schizotypische Persönlichkeitsstörung.
2. Die Borderline-Persönlichkeitsstörung.

1980 wurden diese beiden Persönlichkeitsstörungen in das DSM-III übernommen.

Der erste Versuch einer zusammenfassenden klinischen Beschreibung verknüpft mit pathogenetischen und ätiologischen Aussagen sowie mit therapeutischen Implikationen stammt von KERNBERG (1975). ROHDE-DACHSER (1983) hat für den deutschsprachigen Raum die Beschreibung von KERNBERG übernommen und durch eigene Befunde ergänzt (BRONISCH 1987).

2.1.2. Diagnose im Umfeld des Borderline-Syndroms

Borderline heißt Grenzfall. Wie bereits angeführt ordnete man das Borderline-Syndrom früher in die Grauzone zwischen Neurose und Psychose ein. Durch die Fortschritte der Psychotherapie-Forschung in den letzten 15 Jahren weiß man, daß das Borderline-Syndrom ein eigenständiges Krankheitsbild ist. Früher, als dies noch nicht so eindeutig festlag, gab es verschiedene diagnostische Begriffe für dieses Krankheitsbild. Synonyma des Borderline-Syndroms laut ICD 295. 5 sind:

a) Borderline-Schizophrenie
b) Prä-psychotische Schizophrenie
c) Prodromie einer Schizophrenie
d) Pseudo-neurotische Schizophrenie
e) Pseudo-psychopathische Schizophrenie

KERNBERG (1975) beschrieb, wie in der Fachliteratur das Borderline-Syndrom bezeichnet wurde:

Borderline-Zustände
Schizophrene Persönlichkeitsstruktur
Psychotischer Charakter
Borderline-Persönlichkeit
Ambulatorische Schizophrenie
Pseudo-neurotische Schizophrenie
Als-ob-Persönlichkeit
Schizoide Persönlichkeitsstruktur

SASS und KÖHLER (1983) stellten einige Konzepte im Umfeld des Borderline-Syndroms zusammen (zitiert nach BRONISCH 1987):

Unentwickelte Fälle von Dementia simplex	Kraepelin, 1909/15
Psychische Grenzzustände	Pelman, 1909
Latente Schizophrenie	Bleuler, 1911
Borderland-Neurosen und Psychosen	Clark, 1919
Triebhafter Charakter	Reich, 1923
Borderline-Neurosen	Stern, 1939
Schizophreniforme Psychosen	Langfeldt, 1939
Ambulatorische Schizophrenie	Zilboorg, 1941
Als-ob-Persönlichkeit	Deutsch, 1942

Prä-schizophrene Persönlichkeitsstruktur	Rapaport et al., 1945
Pseudoneurotische Schizophrenie	Hoch und Polatin, 1949
Abortive Schizophrenie	Mayer, 1959
Latente Psychose	Bychowski, 1953
Subklinische Schizophrenie	Peterson, 1954
Borderline-Zustände	Knight, 1953
Pseudopsychopathische Schizophrenie	Dunaif & Hoch, 1955
Psychotische Persönlichkeit	Bion, 1957
Borderline-Patient	Gunderson & Singer, 1975; Knight, 1954; Bellak, 1958; Kety et al., 1968
Psychotischer Charakter	Frosch, 1964
Grenzpsychose	Benedetti, 1967
Borderline-Persönlichkeitsorganisation	Kernberg, 1967
Borderline-Syndrom	Grinker, 1968; Stone, 1980
Passiv-aggressive Persönlichkeitsstörung	Small et al., 1975
Borderline-Charakter	Giovacchini, 1975
Syndrom der Borderline-Persönlichkeit	Guze, 1975
Schizophrene Borderline-Zustände	Vanggaard, 1978
Schizotypische Persönlichkeitsstörung	Spitzer et. al. 1979
Borderline-Persönlichkeitsstörung	DSM-III, 1980
Larvierte Schizophrenie, schizophrenia sine schizophrenie	Gross et al., 1982

BERNE (1961) hat das Borderline-Syndrom unter dem Begriff der latenten Psychose eingeordnet.

In der dritten Auflage der DSM-III wurde die Borderline-Diagnose zum ersten Mal zu einer offiziellen psychiatrischen Krankheitsdiagnose. „Diese sozusagen doppelte Elternschaft von Psychiatrie und Psychoanalyse prägt die Borderline-Diskussion bis heute und es wäre unsinnig, sie zu verleugnen" (ROHDE-DACHSER, 1986, S. 127).

2.2. Anmerkungen zur Diagnose und Therapie

Die im vorigen Kapitel ausführlich dargestellte Entwicklungspsychologie bietet den Vorteil, daß daraus eine tiefenpsychologisch orientierte Krankheitslehre abgeleitet werden kann. In jeder Entwicklungsphase (siehe Seite 18) sind „kritische Phasen" enthalten, an denen bei Nicht- oder mangelhafter Bewältigung Fixierungspunkte entstehen können. Bei einer späteren pathologischen Regression in diese Fixierungspunkte können Störungen manifest werden, die mit spezifischen diagnostischen Kategorien belegbar sind.

In den letzten Jahren wurde häufiger die Meinung vertreten, daß Diagnostik in der Psychotherapie mehr oder weniger vernachlässigt werden kann, da die Begegnung, der Kontakt und die Beziehung zum Therapeuten das Hauptvehikel des therapeutischen Prozesses sei. Durch die Diagnostik laufe man eher Gefahr, den Patienten zu etikettieren und abzustempeln.

Unserer Erfahrung nach ist Diagnostik immer dann sinnvoll, wenn sie zu einer spezifischen Therapie führt: das therapeutische Setting, die Strukturierung und die Praxeologie der Therapie sollte nach dem Schweregrad der seelischen Störung variieren.

Je schwerer die Störung, um so größer sollte zu Beginn der Behandlung der Strukturierungsgrad der Therapie sein und umso weniger sind die Patienten zu einer Regression im Dienste der Progression in der Lage, da sie an einem strukturellen Defizit leiden. Sie beginnen in der Regel schon in einem regredierten Zustand die Therapie und eine weitere durch die Therapie geförderte Regression würde das Zustandsbild verschlechtern.

Die folgenden diagnostischen Kategorien sind in ein gleitendes Spektrum von der leichten seelischen Störung, der Neurose, über die narzißtische Persönlichkeitsstörung, Borderline-Persönlichkeitsstörung bis hin zur psychotischen Störung als schwere seelische Erkrankung einzuordnen.

1. Neurotische Störung

Bei der neurotischen Störung handelt es sich um eine *Konfliktpathologie*. Die Einzel-Ich-Zustände sind ausgereift, die Realitätsprüfung ist intakt. Die Psychoanalyse beschreibt die Verdrängung als den Hauptabwehrmechanismus. Neuentscheidungstherapie und Skriptarbeit im klassischen Sinne sind die Therapie der Wahl. Nach GOULDING (1981) geht es im wesentlichen um eine Engpaßarbeit 1. und 2. Grades. Mit Hilfe regressiver Techniken wird das verdrängte Material dem Erwachsenen-Ich zugänglich gemacht. Aus dem Eltern-Ich und dem Kind-Ich können dann mit Hilfe des Erwachsenen-Ich neue Entscheidungen getroffen werden, so daß eine Korrektur der wachstumshemmenden Entscheidungen, Wegweiser und Einschärfungen möglich ist.

2. Narzißtische Persönlichkeitsstörung

Da bei der narzißtischen Störung die Realitätskontrolle gut ausgebildet ist, ist regressive Arbeit möglich. Soziale Konfrontationen müssen so durchgeführt werden, daß der Patient, der jede Kritik als Kränkung erfährt, diese Konfrontation ohne narzißtische Dekompensation verarbeiten kann. Zum anderen sollte das therapeutische Setting genügend Spiegelfunktionen (KOHUT, 1983) zur Verfügung haben, damit das narzißtische Gleichgewicht erhalten bleibt.

3. *Borderline-Persönlichkeitsstörung*

Bei der Borderline-Persönlichkeitsstörung handelt es sich um eine *Strukturpathologie.* Die einzelnen Ich-Zustände sind nicht ausgereift.

Der Schwerpunkt der Therapie der Borderline-Störung besteht dagegen in einer klaren Grenzsetzung und Strukturierung, damit das beziehungszerstörende Verhalten konfrontiert und interpretiert werden kann. Destruktives Ausagieren und selbstschädigendes Verhalten müssen gestoppt werden. Die Therapie soll zudem realitätsorientiert auf das Hier und Jetzt bezogen sein.

Regressives Arbeiten ist nicht angebracht, da es zu einer pathologischen Regression führen kann. Die Spaltung und deren Hilfsmechanismen (siehe Seite 65) müssen konsequent konfrontiert und interpretiert werden.

4. *Psychose*

Die Behandlung der Psychose ist noch immer das klassische Aufgabengebiet der Psychiatrie. Sie erfolgt in der Regel durch eine Pharmakotherapie mit begleitender Sozial- und Milieutherapie.

Die Transaktionsanalyse dagegen orientiert sich vorwiegend an dem Behandlungsmodell, das die SCHIFF'sche Schule erarbeitet hat. Dieses Modell ist seit fast zwanzig Jahren erfolgreich angewandt worden. Es wurden bahnbrechende therapeutische Ansätze wie das Passivitätskonzept und das „Reparenting" für die Behandlung von psychotischen Störungen entwickelt.

2.3. Konzept der Persönlichkeitsorganisation

Für diese Art der Diagnostik, die sich vorwiegend an der Struktur und an der Abwehr orientiert, spricht die therapeutische

Nützlichkeit, da die Therapie entsprechend der defizitären strukturellen Entwicklung und an den spezifischen Abwehroperationen ansetzt.

Mit Persönlichkeitsorganisation oder Organisationsniveau beschreibt KERNBERG (1975, 1976, 1984) eine andere Form der Diagnostik, die nicht auf der Ebene der abgrenzbaren Persönlichkeitsstörungen angesiedelt ist.

Es geht vielmehr darum, die Ebene des psychischen Funktionierens zu beschreiben. Er fügte der deskriptiven Diagnostik, wie sie das DSM-III-R vorschlägt, eine strukturelle Diagnostik (KERNBERG, 1984, a) hinzu, die die Abwehrmechanismen, die Ich-Struktur und die Charakterzüge beschreibt. Dabei unterscheidet er eine höhere, mittlere und niedere Ebene der Charakterpathologie, die, entsprechend den Ebenen, der Persönlichkeitsorganisation zugeordnet ist.

Auf der **höheren** Ebene der Charakterpathologie befindet sich die neurotische Persönlichkeitsorganisation. Die neurotische Störung äußert sich in Symptomen oder Charakterneurosen. Bei der neurotischen Konfliktlösung kommt es zur Einschränkung des Patienten in spezifischen Bereichen, die übrigen Lebensbereiche allerdings sind davon nicht berührt.

Die **mittlere** Strukturebene der Charakterpathologie ist dadurch gekennzeichnet, daß der Patient in begrenzten Bereichen widersprüchliche Impulse und Strebungen nur schlecht integrieren kann. Auf dieser Ebene sind der sogenannte *Borderline-Zustand* anzusiedeln oder die sogenannten Frühstörungsmanifestationen (FÜRSTENAU, 1985). Diese Patienten sind trotz einer strukturellen Störung noch ausreichend gut integriert und können ihr Leben entsprechend bewältigen. Auf diesem mittleren Strukturniveau können nach KERNBERG auch viele narzißtische und schizoide Persönlichkeitsstörungen angesiedelt werden.

Die Borderline-Persönlichkeitsorganisation dagegen entspricht der **niederen** Strukturebene der Charakterpathologie. Hier zeigen sich schwerwiegende Entwicklungsstörungen, die dadurch gekennzeichnet sind, daß eine mangelhafte Integrationsfähigkeit von widersprüchlichen Impulsen und Gefühlen besteht. Das Identitätsgefühl ist grundsätzlich gestört. Die Patienten zeigen Symptome und Charakterzüge, wie sie bei dem Borderline-Syndrom beschrieben werden.

Dabei bezeichnet der Begriff der Borderline-Persönlichkeitsorganisation die Ebene des psychischen Funktionierens und so können auf dieser Ebene verschiedene Persönlichkeitsstrukturen oder Persönlichkeitsstörungen angesiedelt werden, wie z. B.: schwer gestörte narzißtische Persönlichkeiten, infantile, masochistische, dissoziale, paranoide Persönlichkeiten und Patienten mit chaotischen, impulsiven Charaktertstörungen.

Abzugrenzen von der niederen Strukturebene der Charakterpathologie ist die **psychotische** Persönlichkeitsstörung (psychotische Strukturebene). Die Struktur der Patienten ist soweit gestört, daß die Grenzen zwischen Innen und Außen, Selbst und Objekt verschwimmen, eine Psychose offen ausbricht und diese psychotischen Erlebnisse nicht mehr an der Realität korrigiert werden können.

Auf der höheren Strukturebene, bei der die Verdrängung als Abwehr vorherrscht, ist die klassische Neurosentherapie indiziert. Angebracht ist eine minimale Strukturierung des therapeutischen Settings, Skript- und Neuentscheidungsarbeit im klassischen Sinne.

Auf der mittleren Strukturebene ist eine stärkere Strukturierung des therapeutischen Settings notwendig. Die therapeutische Arbeit sollte sich zum Beispiel bei den narzißtischen Persönlichkeitsstörungen an der narzißtischen Spaltungsstruktur orientieren. Ansonsten gelten folgende Behandlungsparameter bei narzißtischen Störungen: Beziehungskonstanz, Spiegelung, Zulassen der idealisierenden Übertragung, optimale Frustration und Konfrontation des grandiosen Verhaltens, Fokus der Therapie ist die Kränkbarkeit und die Regulation des Selbstwerterlebens bei auftretenden Kränkungen. Da die Realitätskontrolle stabil ist, ist regressives Arbeiten möglich.

Auf der niederen Strukturebene ist die Borderlinestörung angesiedelt. Eine hohe Strukturierung des Settings ist notwendig. Wichtige therapeutische Parameter sind: Beziehungskonstanz, Grenzsetzungen und Realitätsbezug im Hier und Jetzt, keine Regressionsarbeit.

Auf der niederen Strukturebene findet man die psychotischen Störungen. Die Behandlung sollte entweder mit dem sozialpsychiatrischen Ansatz erfolgen oder gegebenenfalls psychodynamisch orientiert, z. B. entsprechend dem Ansatz der SCHIFF'-schen Schule.

2.4. Diagnostische und symptomatische Besonderheiten

Strukturelle Diagnostik

Das Auftreten der borderline-spezifischen Abwehrmechanismen, Spaltung und deren Hilfsmechanismen, ist ein Hinweis auf die Struktur der Persönlichkeitsorganisation. Oft liegt eine doppelte Schicht von Abwehrmechanismen vor.

Der Borderline-Patient imponiert durch eine hysterische oder durch andere Charakterstrukturen und man vermutet, daß eine Charakterneurose vorliegt. Differentialdiagnostisch kommt es bei einer Charakterneurose jedoch nicht zu einer „Ich-Regression im Dienste der Abwehr" (GITELSON, 1958), da die Charakterneurose eine stabile Abwehr darstellt. Erst später im Verlauf der Therapie wird die Borderline-Dynamik sichtbar.

Diese Abwehrmechanismen überlagern oder verdecken eine darunterliegende Borderline-Struktur. Die höheren Schichten bleiben aber brüchig. Bei einer Überbelastung kommt es zu einer Regression auf ein Borderline-Niveau.

Ätiologische Diagnostik

Biographische Hinweise auf eine schwere Schädigung in den ersten drei Lebensjahren, vor allen Dingen in der Mutter-Kind-Beziehung, oder das Vorliegen eines schweren sexuellen und/oder psychischen Mißbrauchs können einen Hinweis für eine mögliche Borderline-Erkrankung sein.

Diagnostik im Rahmen der Gegenübertragungsreaktion

Auch das Auftreten der typischen Gegenübertragungsreaktion in der Arzt-Patienten-Beziehung kann ein wichtiger diagnostischer Hinweis sein. KERNBERG (1975, S. 74) schreibt dazu: „Je frühzeitiger und heftiger die emotionale Reaktion des Therapeuten auf den Patienten ausfällt, je mehr sie die Wahrung seiner Neutralität bedroht und je flukturierender, sprunghafter, chaotischer sie wird, desto eher wird der Therapeut annehmen können, daß er es mit einem schwer regredierten Patienten zu tun hat. Am anderen Ende unseres Spektrums steht die Arbeit mit den Patienten, die unter Symptomneurosen oder nicht allzu schweren Charakterstörungen leiden. Hier kommen derart intensive Gefühlsreaktionen des Therapeuten nur vorübergehend und kurzfristig vor und das auch im Allgemeinen erst, nachdem sie sich schon über geraume Zeit hin allmählich ‚aufgebaut' haben."

2.5. Differentialdiagnostische Anmerkungen

Differentialdiagnose nach der DSM-III-R: Differentialdiagnostisch müssen die schizotypische und die Borderline-Persönlichkeitsstörung von der narzißtischen, der schizoiden Persönlichkeitsstörung, der schizophrenen Störung, der schizophrenieformen Störung und der reaktiven Psychose abgegrenzt werden.

Der Begriff *Borderline-Zustand* beschreibt eine vorübergehende Dekompensation einer Persönlichkeit, die sonst auf einem höheren Organisationsniveau funktioniert, während der Begriff Borderline-Persönlichkeitsstörung immer auf bleibende Strukturmerkmale der Ich-Organisation sich bezieht (ROHDE-DACHSER 1984).

Bei der *narzißtischen Persönlichkeitsstörung* liegt eine Pseudo-Unabhängigkeit vor. „Borderline-Patienten fühlen sich dagegen auf bedeutsame Beziehungen in extremer Weise angewiesen und verhalten sich ihnen gegenüber entsprechend regressiv, passiv-erwartungsvoll und klammernd." (ROHDE-DACHSER, 1986, S. 146). Bei narzißtischen Persönlichkeitsstörungen zeigt sich „über lange Strecken der Behandlung ein fast undurchdringlicher Panzer von Grandiosität, Selbstbezogenheit, Arroganz und Abwertung anderer, während das Verhalten von Borderline-Patienten zwischen einer zerbrechlichen und verletzbaren, selbstabwertenden, klammernden Selbstdarstellung und unberechenbaren, irrationalen Wutausbrüchen alterniert". Auch die für die narzißtische Persönlichkeitsstörung so „herausragenden Themen des Strebens nach Macht und Perfektion, Reichtum und Schönheit, sind für den Borderline-Patienten höchstens von untergeordneter Bedeutung" (ROHDE-DACHSER 1986, S. 146-147).

Narzißtische Patienten erleben die Konfrontation mit ihren Abwehrstrukturen als Angriff und reagieren demgemäß mit Wut oder mit Abwertung des Therapeuten. Im Gegensatz dazu führt die Interpretation und Konfrontation der Abwehrmechanismen beim *Borderline-Patienten* zu einer Verbesserung seines Funktionsniveaus. Ein *psychotischer Patient* dagegen wird auf die Interpretation und Konfrontation der Abwehrmechanismen mit einer weiteren Regression reagieren.

Bei der *schizoiden Charakterneurose* wie auch bei den anderen neurotischen Charakterneurosen liegt eine stabile Abwehr vor. Die Gegenübertragungsgefühle sind nicht so flukturierend wie beim Borderline-Patienten.

Bei dem Borderline-Syndrom treten sogenannte **Minipsychosen** auf, die sich aber von der manifesten Psychose durch folgende Merkmale unterscheiden:

1. Auslösung durch äußere Streßbedingungen
2. Reversibilität
3. Flüchtigkeit
4. Ich-Dystonizität
5. Mangelnde Systematisierung (ROHDE-DACHSER, 1983, a)

Nach ROHDE-DACHSER (1983, b) kann die **Psychosegefährdung** eines Borderline-Patienten beurteilt werden, wenn man die Fähigkeit zur Realitätsprüfung und die Qualität seiner Objektbeziehungen würdigt.

Zum anderen sollten folgende Gesichtspunkte in die Überlegungen zur Differentialdiagnostik mit einbezogen werden:

a) Das Ausmaß der familiären Vorbelastung,
b) die zeitliche Lokalisierung schwerer frühkindlicher Traumata während oder nach der symbiotischen Entwicklungsphase,
c) das Verhältnis von Affekt und Verbalisationsvermögen,
d) die Beschaffenheit der „Ich-Grenzen". Sie hängt davon ab, inwieweit eine ausreichende Differenzierung zwischen Selbst- und Objektrepräsentanzen stattgefunden hat. Eine genügend ausgebildete Differenzierung ermöglicht, zwischen sich und anderen zu unterscheiden (KERNBERG, 1988, b),
e) das Ausmaß „der konfliktfreien Sphäre des Ichs",
f) das Regressionspotential des Patienten,
g) plötzliches Verschwinden schwerer neurotischer Symptome,
h) die Unmittelbarkeit des Zugangs zu primärprozeßhaften Inhalten.

Suchtdiagnosen

Bei PatientInnen mit einer Borderline-Persönlichkeitsstörung finden wir häufig eine Mehrfachabhängigkeit (Polytoxikomanie). Die Suchtmittel sind in rascher Folge austauschbar oder je nach Verfügbarkeit einsetzbar. Die häufigste Suchtform, die wir bei unseren Patienten fanden, waren die süchtigen Eßerkrankungen (Anorexie, Bulimie, Eßsucht).

Annähernd 80 % all unserer PatientInnen hatten eine süchtige Eßerkrankung. Umgekehrt funktionieren ungefähr 70 % unseres gesamten Klientels mit einer süchtigen Eßerkrankung nicht auf dem Borderline-Persönlichkeitsniveau, sondern auf dem mittleren Strukturniveau. Diese süchtigen Eßerkrankungen sind häufig kombiniert mit Drogensucht, Kleptomanie und mit Sexsucht.

Anorektische PatientInnen, die nach der stationären Behandlung wieder massiv rückfällig wurden, waren erfahrungsgemäß Borderline-PatientInnen, die wir nicht spezifisch bezogen auf ihre Persönlichkeitsstörung behandelt hatten.

Sexueller Mißbrauch

Annähernd 90 % unserer Borderline-Patientinnen berichteten, daß sie sexuell mißbraucht worden sind. Dabei zeigte es sich, daß die Persönlichkeitsschädigung als Folge des sexuellen Mißbrauchs umso größer war, je früher und je länger der Mißbrauch stattfand.

Mit Recht stellte eine unserer Patientinnen im Rahmen der Nachuntersuchung (siehe Seite 195) die Diagnose „Borderline“ in Frage. Sie selbst definierte sich nach der Therapie als ein Mißbrauchsopfer und lehnt eine weitere Pathologisierung durch die Diagnose „Borderline“ ab.

Allerdings ist ein sexueller Mißbrauch nicht zwangsläufig mit einer Borderline-Störung verbunden. Denn 68% unserer Patientinnen mit süchtigen Eßerkrankungen, die auf dem mittleren und höherem Strukturniveau gestört waren, gaben an, daß sie einen sexuellen Mißbrauch erlitten hätten (WARDETZKI, 1990).

3. Spezifika des Borderline-Syndroms

Die intrapsychische Dynamik

3.1. Die Abwehrmechanismen

3.1.1. Die aktive Spaltung als Bewältigungsmechanismus

Abwehrmechanismen haben eine zweifache Funktion. Zum einen dienen sie der Abwehr einer inneren oder äußeren Gefahr, zum anderen sind sie auch Versuche zur Bewältigung dieser Gefahren. Nach SADOW (1969) und VAILLANT (1971) kann man eine Hierarchie von Bewältigungsmechanismen aufstellen:

Fluchtverhalten:

Am Anfang steht das primitive Fluchtverhalten. Dieses Fluchtverhalten ist verbunden mit einer Panikreaktion. Einer inneren und äußeren Gefahr wird dadurch begegnet, daß man vor ihr flieht. Bei diesem archaischen Fluchtmechanismus kommt es zu einer weitgehenden Ausschaltung der Wahrnehmungsfunktionen. Damit ist eine mangelnde Ausbildung der kognitiven Fähigkeiten und eine erhebliche Einschränkung der Realitätsprüfung verbunden. Problemlösendes Denken findet nicht statt.

In diesem Kontext könnte auch eine Minipsychose als eine Form der Flucht betrachtet werden – oder auch jede Form des süchtigen Ausagierens. Auch die Flucht vor der äußeren Realität, verbunden mit dem Verfallensein an die innere Realität, wie es bei der Psychose typisch ist, könnte als psychotischer Abwehrmechanismus verstanden werden.

Aktive Spaltung:

Die nächsthöhere Stufe der Bewältigungsmechanismen zur Abwehr einer inneren oder äußeren Gefahr stellt die *aktive Spaltung* dar. Die aktive Spaltung ist der zentrale Abwehrmechanismus des Borderline-Syndroms. Klinisch manifestiert sich die Spaltung regelmäßig als wechselnder Ausdruck von komplementären Seiten eines Konfliktes, kombiniert mit blander Verleugnung und mangelnder Betroffenheit über den Widerspruch in diesem Verhalten und in der inneren Erfahrung des Patienten (KERNBERG, 1975, b). Um die Spaltung aufrechtzuerhalten, muß man große Teile des eigenen Selbst, der anderen und der Situation verleugnen. Dies führt zu einer erheblichen Einschränkung der kognitiven Fähigkeiten, d. h., problemlösendes Denken ist, auf den abzuwehrenden Konflikt bezogen, sehr stark vermindert oder überhaupt nicht vorhanden.

Verdrängung:

Verdrängung stellt den Versuch dar, Vorstellungen, Gefühle und Bedürfnisse, die mit dem Bewußtsein (Erwachsenen-Ich 2) unverträglich sind, zu bewältigen. Der Preis dafür ist die neurotische Symptombildung. Die Verdrängung ist der Hauptabwehrmechanismus der neurotischen Störungen. Auch bei der Verdrängung kommt es zu einer Einschränkung der kognitiven Fähigkeiten, allerdings hat die Kognition einen Bezug zur äußeren Realität.

Reifes, problemlösendes Denken:

Reife Urteilsbildung, die Fähigkeit, ein inneres oder äußeres Problem zu definieren, Lösungsstrategien zu entwickeln und sie in die Tat umzusetzen, sind die gesunden Mechanismen zur Konfliktbewältigung. Hierbei wird das zu lösende Problem nicht panikartig vermieden, abgespalten oder verdrängt. Die kognitiven Fähigkeiten werden eingesetzt, um das Problem zu definieren und Problemlösungsstrategien zu entwickeln. Das Erwachsenen-Ich übernimmt die Führung. Aspekte der äußeren Realität als auch der inneren Realität und Aspekte der Gesamtsituation werden nicht vermieden, verdrängt oder abgespalten, sondern zur Urteilsbildung herangezogen.

Zum reifen, problemlösenden Denken muß die Fähigkeit zur Realitätsprüfung entwickelt sein. Diese beinhaltet die Fähigkeit:

- zwischen sich selbst und anderen zu differenzieren,
- zwischen intrapsychischen Wahrnehmungsquellen und Reizen von Außen zu unterscheiden,
- eigene Affekte, Verhalten und Denkinhalte im Rahmen der üblichen gesellschaftlichen Normen einzuschätzen (KERNBERG, 1988, c).

Edith JACOBSON (1964) wies als erste darauf hin, daß eine strukturelle Voraussetzung zur Entwicklung der Realitätsprüfung die Unterscheidungsfähigkeit zwischen Selbst- und Objektrepräsentanzen ist. Bei der Borderline-Persönlichkeitsstörung ist diese strukturelle Voraussetzung grundsätzlich gegeben. Bei der psychotischen Persönlichkeit dagegen kommt es bei einer zunehmenden Verschmelzung zwischen Selbst- und Objektrepräsentanzen zu einer weiteren Verminderung der Realitätsprüfung.

Wie oben erwähnt stellt die aktive Spaltung den hauptsächlichen Bewältigungsmechanismus beim Borderline-Syndrom dar. Aktive Spaltung besagt, daß die entwicklungspsychologisch bedingte Spaltung in gute und böse Selbst- und Objektrepräsentanzen aktiv eingesetzt wird, um traumatisierende Erfahrungen zu bewältigen.

Die aktive Spaltung stellt eine pathologische Regression auf die Fixierungspunkte in der Separations-Individuationsphase dar. Die Fixierungspunkte sind durch phasenspezifische Traumatisierungen entstanden. Die aktive Spaltung dient zur Bewältigung einer als unmittelbare Bedrohung der Identität erlebten Gefahr. Diese Bedrohung wird wie ein physischer oder psychischer Tod erlebt (ROHDE-DACHSER, 1983, a).

In der Sprache der Transaktionsanalyse würden wir in diesem Zusammenhang nicht von einem Bewältigungsmechanismus sprechen, sondern vom *Borderline-Skript* als Resultat frühkindlicher Entscheidungen. Dieses Skript entspricht dem Selbst- und Weltbild, das das Kind unter der traumatischen Erfahrung innerhalb der Separations- und Individuationsphase entworfen hat.

Die Welt des Kindes in den ersten drei Entwicklungsphasen ist die dyadische Welt mit der Mutterfigur. Aus diesem Grund sind diese Skriptentscheidungen Beziehungsentscheidungen, bezogen auf das Erleben mit der Mutterfigur. Geprägt sind sie durch die reifungsbedingte Unfähigkeit des Kindes, die Mutterfigur als Ganzes wahrnehmen zu können.

Dieses Skript drängt dazu, diese traumatischen Kindheitssituationen zu reinszenieren, um eine bessere und glücklichere Lösung zu finden.

3.1.2. Horizontale und vertikale Spaltung

Bevor die klinischen Kennzeichen der Spaltung, die eine Entäußerung der inneren Welt des Borderline-Patienten sind, dargestellt werden, soll auf diese innere Welt eingegangen werden.

Ein Borderline-Patient hat im Zuge seiner Entwicklung neben pathologischen Strukturen auch gesunde Strukturen internalisiert, sonst wäre er nicht überlebensfähig. Diese „gesunden" und „kranken" Strukturanteile werden ebenfalls durch Spaltung voneinander separiert. Diese Spaltung nennen wir die **horizontale Spaltung**, im Gegensatz zur **vertikalen Spaltung**, die die Aufgabe hat, „gute" und „böse" Selbst-/Objektrepräsentanzen voneinander zu trennen.

Mit Hilfe der Funktionsanalyse, mit der zum Zwecke der Anschaulichkeit beobachtbares Verhalten aus verschiedenen Persönlichkeitsanteilen aufgezeigt wird, soll nun die horizontale und vertikale Spaltung dargestellt werden.

In der Funktionsanalyse wird bei ausgereiften Ich-Zuständen ein positiv-nährendes und ein positiv-kritisches von einem negativ-nährendem und negativ-kritischem Eltern-Ich unterschieden. Entsprechend finden wir im Kind-Ich ein angepaßtes Kind (aK) und ein freies Kind (fK).

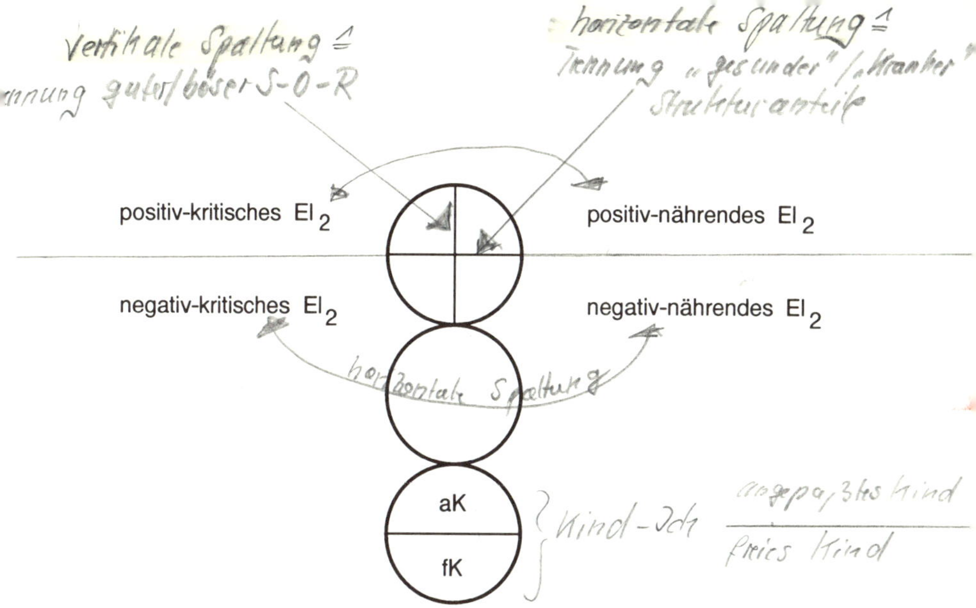

Abb. 19: Funktionsdiagramm

Bei der Borderline-Struktur findet die Verschmelzung von Eltern-Ich 1+ und Eltern-Ich 1- nicht statt. Diese Verschmelzung hätte zur Folge, daß die Spaltung aufgegeben wird und sich Eltern-Ich 1 mit nährenden und kritischen Anteilen synthetisiert. Dadurch würde die strikte Schwarz-Weiß-Zeichnung gute/böse Mutter im Rahmen der Spaltung aufgegeben, und es entstünde so ein ganzes Bild der Mutter mit kritischen und nährenden Anteilen, die aber trotz der Ambivalenz eine gute Mutter ist und geliebt werden könnte.

Durch diesen Schritt käme es zu einer Neutralisierung der archaischen Aggressionen, die mit der Aufrechterhaltung der Spaltung verbunden ist.

Bei der Borderline-Struktur gelingt in der Konsolidierungsphase diese Verschmelzung nicht. In der weiteren Entwicklung wird dieser strukturelle Defekt des Eltern-Ich 1 protrahiert: Das Eltern-Ich 2, ist durch die **vertikale Spaltung** in ein negativ nährendes (El 2 gut) und in ein negativ-kritisches Eltern-Ich 2 (El 2 böse) aufgeteilt. Im Zuge der Entwicklung werden auch gesunde Aspekte des Eltern-Ich 2, nämlich das positiv-kritische Eltern-Ich 2 und das positiv-nährende Eltern-Ich 2, erworben. Diese gesunden Strukturen ermöglichten das weitere Überleben.

Die **horizontale Spaltung** trennt die gesunden, lebensfördernden Eltern-Ich 2-Aspekte von den kranken, lebens- und autonomieverweigernden Aspekten. Entsprechend gibt es Anpassungsmuster im Kind-Ich 2 (aK gut und aK böse), die ebenfalls durch eine vertikale Spaltung voneinander getrennt sind. Durch die horizontale Spaltung in Kind-Ich 2 werden die destruktiven Anpassungsmuster vom freien Kind (fK) separiert.

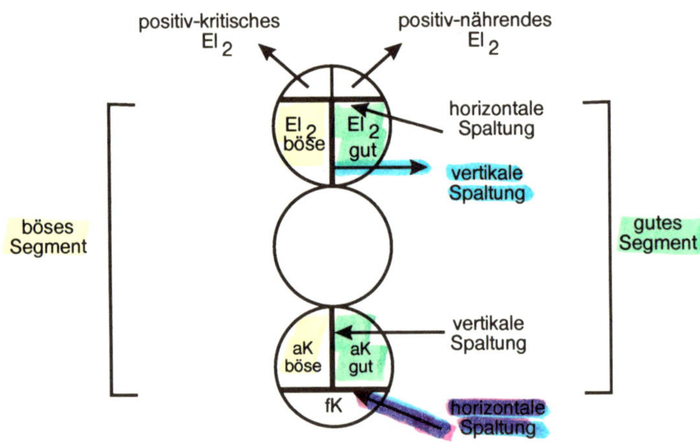

Abb. 20: Funktionsanalytische Darstellung der Borderline-Struktur in Anlehnung an BEHRENS (1990)

Als **gutes Segment** bezeichnen wir die Strukturen Eltern-Ich 2 gut und aK gut und entsprechend als **böses Segment**: Eltern-Ich 2 böse und aK böse. Diese Segmente bilden eine funktionelle Einheit.

Die vertikale Spaltung im Rahmen des guten und bösen Segmentes hat die Aufgabe, die horizontale Spaltung zwischen angepaßtem Kind +/angepaßtem Kind – und freiem Kind nicht zu gefährden. Durch die Aufhebung der horizontalen Spaltung im Kind-Ich 2 werden die typischen borderline-spezifischen Ängste mobilisiert, und die primitiven regressiven Bedürfnisse des freien Kindes werden sichtbar. Die aktive Spaltung im Sinne der vertikalen Spaltung gut/böse hat also defensiven Charakter, um die horizontale Spaltung im Kind-Ich 2 nicht zu gefährden.

3.1.2.1. Der innere Dialog

Die in der Funktionsanalyse dargestellten pathologischen Strukturen sind durch einen spezifischen inneren Dialog aufeinander bezogen und bilden eine funktionelle Einheit. Folgende Abbildung soll diesen inneren Dialog darstellen:

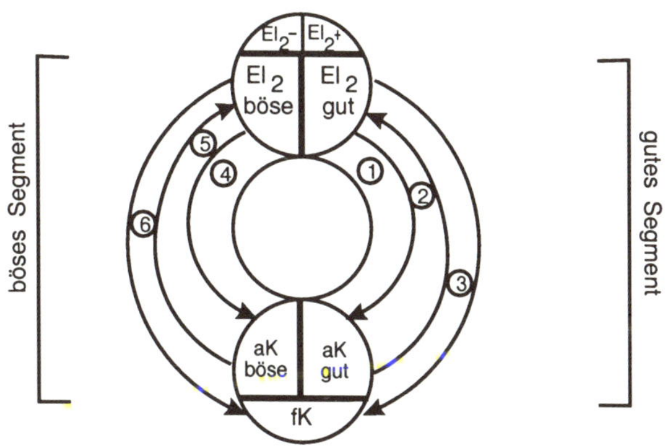

Abb. 21: Der innere Dialog bei der Borderline-Struktur

Der innere Dialog im guten Segment findet zwischen Eltern-Ich 2 gut, angepaßtem Kind (aK) gut und freiem Kind (fK) statt.

1. Dialog zwischen Eltern-Ich 2 gut und angepaßtem Kind gut: Ich versorge Dich, wenn Du mein ideales Kind bist und meinen Erwartungen und Bedürfnissen entsprichst (Umkehrung der Elternrolle).
2. Dialog zwischen angepaßtem Kind gut und Eltern-Ich gut: Ich werde so sein, wie Du es von mir erwartest, damit ich Dein gutes Kind bin und Du mich versorgst.
3. Dialog zwischen Eltern-Ich 2 gut und freiem Kind:
   Wenn Du Deine eigenen Bedürfnisse und Gefühle erlebst und Dich selbständig und autonom verhältst, dann ist dies ein Verrat an unserer Beziehung.
   Der Dialog im bösen Segment zwischen Eltern-Ich 2 böse, angepaßtem Kind böse und freiem Kind tritt in der Regel dann in Aktion, wenn das freie Kind versucht, seine eigenen Bedürfnisse und Gefühle und die damit verbundenen Autonomiebestrebungen zu realisieren. Der nun einsetzende Dialog hat die Funktion, jede Form der Autonomie des freien Kindes zu unterdrücken. Er lautet folgendermaßen:
4. Dialog zwischen Eltern-Ich 2 böse und angepaßtem Kind böse: Du hast mich verraten, deshalb bist Du ein böses Kind und ich werde Dich nicht mehr versorgen und Dich bestrafen. (Aus diesem Grund reagiert das angepaßte Kind auf jede Autonomiebestrebung mit massiven Schuldgefühlen.)
5. Dialog zwischen angepaßtem Kind böse und Eltern-Ich 2 böse: Ich bin ein böses Kind und ich werde mich durch selbstzerstörerisches Verhalten bestrafen, oder ich werde andere zerstören (destruktives Ausagieren), so daß alle sehen, daß ich ein böses Kind bin.
6. Dialog zwischen Eltern-Ich 2 böse und freiem Kind: Wenn Du autonom und eigenständig lebst, bringe ich Dich um. Aus diesem Grund sind die meisten selbstzerstörerischen Handlungen (z. B. Schnippeln) Erhaltungsmechanismen,

um die drohende Suizidneigung abzuwehren. Eine Patientin berichtete: Wenn ich nicht schnipple, dann würde ich mich umbringen.

Durch diese Bedrohung von Seiten des Eltern-Ich 2 böse und Eltern-Ich 2 gut bei der Erfüllung seiner autonomen Bedürfnisse und dem Erleben seiner Ängste, erlebt das freie Kind die typischen borderline-spezifischen Ängste:

- Vernichtungsangst
- Angst vor dem Ich-Verlust
- Fragmentierungsangst
- Verlassenheitsdepressionen

Da diese Ängste im Kind-Ich angesiedelt sind, werden sie vital bedrohend und leibnahe erlebt. Patienten denken in diesem Zusammenhang häufig in physischen Kategorien, sie vergleichen ihren Zustand mit dem Verlust eines Armes oder beider Beine, der Beraubung lebenswichtiger Substanzen wie Sauerstoff, Plasma oder Blut (MASTERSON, 1980).

Da dieser innere Dialog dermaßen pathologisch und archaisch ist, spricht man in der Transaktionsanalyse von einem **pathologischen** *Eltern-System*. Die frühen Störungen und damit auch die Borderline-Störung sind Ausdruck des primitiven, archaisch funktionierenden pathologischen Eltern-Systems.

3.1.2.2. Das gesunde und das pathologische Elternsystem

Das gesunde und das pathologische Elternsystem stehen für die gesunden und kranken verinnerlichten Strukturen, wie sie in der folgenden Abbildung dargestellt sind:

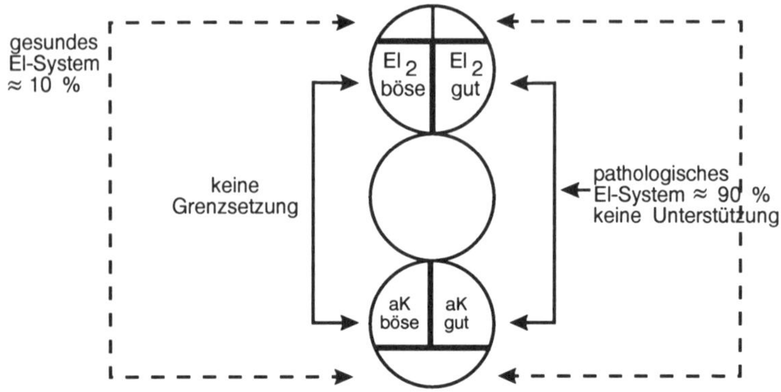

Abb. 22: Gesundes und pathologisches Elternsystem

Patienten geben an, daß ungefähr 90 % der gesamten Energie des Eltern-Ich 2 in dem pathologischen Elternsystem und den dazugehörigen Anpassungsmustern im Kind-Ich 2 enthalten sind. Nur 10% der Energie sind im gesunden Elternsystem (positiv-kritisches Eltern-Ich 2 und positiv-nährendes Eltern-Ich 2) verankert. Entsprechend dieser Energieverteilung erleben sie am Anfang der Therapie 90 % Hoffnungslosigkeit und 10 % Hoffnung, daß eine Veränderung überhaupt möglich ist.

Das verinnerlichte pathologische Elternsystem ist charakterisiert durch eine Rollenumkehr. Die Bedürfnisse des Kindes sind dazu da, um die Erwartungen und Bedürfnisse der Eltern zu befriedigen. Weder hinreichende **Unterstützung** aus dem nährenden Eltern-Ich 2 zur selbständigen Entwicklung des Kindes noch **Grenzsetzungen** aus dem kritischen Eltern-Ich 2 werden gewährt. (Folglich sind Unterstützung und Grenzsetzungen sowohl aus dem nährenden als auch kritischen Eltern-Ich zur Förderung der Autonomie in der Borderline-Therapie die wesentlichen Parameter.)

3.1.3. Klinische Kennzeichen der Spaltung

Die vertikale und horizontale Spaltung, der innere Dialog und das pathologische Elternsystem beschreiben die inneren Strukturen und deren funktionalen Zusammenhang der inneren Wirklichkeit des Borderline-Patienten. Diese innere Wirklichkeit manifestiert sich, im Sinne der Entäußerung, in der äußeren Wirklichkeit und wird an den „klinischen Kennzeichen" der Spaltung erkennbar.

Klinische Kennzeichen der Spaltung sind: Patienten erleben die extremen Positionen einer Polarität, ohne Zwischentöne zuzulassen. Im engeren Sinne sind sie nicht polarisationsfähig. Liebe und Haß z. B. werden in einer strikten Schwarz-Weiß-Zeichnung auseinandergehalten und nicht als zwei Seiten einer „Beziehungsmedaille" erlebt. Dadurch werden unerträgliche Schuldgefühle abgewehrt, die mit dem Zulassen der Ambivalenz erlebt werden. Diese Reaktionen in Extremen nennt man im Gegensatz zur Ambivalenz *Ambitendenz.*

Entsprechend werden die Menschen in der näheren Umgebung in total Gute und Böse aufgeteilt. Im therapeutischen Setting hat dies zur Folge, daß ein Teil des Behandlungsteams als gut, nährend und ideal erlebt wird, der andere Teil als böse und vernichtend.

Das abwesende Objekt wird in der Regel idealisiert und das anwesende Objekt wird als kontrollierend, beherrschend und eindringend gehaßt. Das internalisierte Elternbild, meist das Mutterbild, ist gespalten in eine gute, nährende, schützende, symbiotisch versorgende Mutter und in eine böse, verführerische, verräterische und vernichtende Mutter.

Weitere Kennzeichen der Spaltung sind:

- Plötzliches Kippen der Idealisierung einer Person zur völligen Entwertung.
- Gegensätzliche Seiten eines Konfliktes beherrschen abwechselnd die Szene.

- Fehlende Betroffenheit über die Widersprüche, blande Verleugnung der jeweils anderen Seite.
- Ständiges Schwanken der Vorstellung von sich selbst zwischen Größenphantasie und Minderwertigkeit (KURZ).

3.1.4. *Hilfsmechanismen der Spaltung*

Um die Spaltung aufrecht zu erhalten, bedarf es des Einsatzes von zusätzlichen Mechanismen, die die Spaltung unterstützen. Folgende Hilfsmechanismen der Spaltung (ROHDE-DACHSER, 1983, c) werden benutzt:

- Abwertung (Verleugnung)
- Externalisierung (Entäußerung)
- primitive Idealisierung
- Omnipotenz und Entwertung
- projektive Identifizierung.

3.1.4.1. Abwertung und Verleugnung

In der Transaktionsanalyse kennen wir den Begriff des *Discounting* (SCHIFF, 1970, zitiert nach SCHLEGEL, 1984, S. 71). SCHLEGEL übersetzt den Begriff Discounting mit Mißachtung und meint damit verleugnen, nicht beachten, geringschätzen, abwerten, nicht ernst nehmen oder nicht zutrauen. Unter Abwertung im engeren Sinne im Zusammenhang mit den Hilfsmechanismen der Spaltung verstehen wir eher die Verleugnung, nämlich die Weigerung, eine als schmerzlich erlebte Wahrnehmung als Realität anzuerkennen, um so zu verhindern, sich mit diesen Schmerzen auseinanderzusetzen.

Es besteht eine Tendenz zur Generalisierung, d. h. nicht nur spezifische Reize werden verleugnet, sondern alles, was annähernd mit diesen Reizen in Zusammenhang steht. Daraus resultiert die Weigerung, nicht nur den spezifischen Konflikt wahrzunehmen und zu definieren, sondern einen weiten Teil der Realität, der mit dem Konflikt zusammenhängt, zu verleugnen. Durch die Verleugnung von Gefahrensignalen kommt es zu einer sogenannten „Selbstgefährdung durch Tollkühnheit".

Bei der regressiven *Desymbolisierung* wird die äußere Welt abgewertet und die innere Welt wird so behandelt, als bestünde sie aus konkreten Dingen. Dies führt dazu, daß innere Realitäten (psychische Vorgänge) wie äußere behandelt werden. In Konfliktsituationen tauchen innere Bilder auf, die als real gewertet werden, dies führt zur sogenannten „kindlichen Geisterwelt". Bei der Konfrontation mit der Verleugnung ist sich der Patient allerdings im Gegensatz zu Psychotikern bewußt, daß diese Bilder innerpsychischer Natur sind (KURZ).

3.1.4.2. Externalisierung

Unter Externalisierung (Entäußerung) versteht man den Versuch, die Außenwelt so zu verändern, daß man sich den innerpsychischen Konflikten nicht zu stellen braucht. Dieser **intrapsychische** Konflikt wird durch die Externalisierung zu einem **interpersonellen** Konflikt.

Borderline-Patienten verwenden den größten Teil ihrer Energie darauf, die Probleme in ihrem Inneren auf die Außenwelt zu projizieren, um dann zu versuchen, die Außenwelt zu beherrschen und zu kontrollieren, d. h., z. B. durch manipulative Spiele eine dysfunktionelle Symbiose aufzubauen.

Dadurch wird:

a) die Außenwelt nur ausschnitthaft wahrgenommen,
b) die Außenwelt im Sinne der eigenen inneren Vorgänge „verändert",
c) die Außenwelt und die damit verbundenen Personen müssen fehlende innerseelische Strukturen ersetzen und diese so entlasten, daß die Integration erhalten bleibt.

(Die Externalisierung nennen wir im Klinikjargon „die heiße Kartoffel weitergeben". Das heißt, der innere Konflikt [heiße Kartoffel] wird externalisiert und an die Umgebung weitergegeben. In der SCHIFF'schen Schule nennt man die Externalisierung auch: To shift bad feelings.) Die Externalisierung schützt vor der Gefahr der Regression und der regressiven Entdifferenzierung (KURZ).

3.1.4.3. Primitive Idealisierung

Idealisierung ist ein normaler Bestandteil der Entwicklung. Frühe Idealisierung kann aber zu Abwehrzwecken fortbestehen und zu einem unerläßlichen Hilfsmittel der Spaltung werden. Unter primitiver Idealisierung versteht man, daß ein anderer Mensch als total gut, vollkommen, allmächtig, unerschöpflich erlebt wird. Verkannt wird die Unvollkommenheit und Begrenzung der idealisierten Person.

Die primitive Idealisierung beinhaltet kein wirkliches Interesse an diesen Menschen, sondern einen Schutzmechanismus. Der idealisierte Mensch dient dazu, den Patienten gegen eine böse Welt zu schützen. Auch wird dieser sogenannte gute Mensch gegen alle Angriffe von außen verteidigt. Andererseits muß man die eigenen Aggressionen gegen diesen Menschen nach außen projizieren, um die Idealisierung aufrecht zu erhalten und so an seiner phantasierten Allmacht teilhaben zu können.

Mit zunehmender therapeutischer Nachreifung können sowohl die guten als auch die bösen Eigenschaften an dieser Person wahrgenommen werden. Mit der Wahrnehmung der bösen Eigenschaften ist die Trauer verbunden, daß dieser Mensch eben auch nur ein Mensch ist. Zugleich tritt Ambivalenz auf, daß man diesen Menschen lieben und hassen kann. Schuldgefühle werden spürbar, wenn man die bösen Seiten dieses Menschen ablehnt. Trauer, Ambivalenz und Schuldgefühle müssen ausgehalten und verarbeitet werden. Erst dadurch wird man wirklich beziehungsfähig, so daß man sich in den anderen einfühlen kann und auch realisiert, daß er eigene Bedürfnisse hat. So wird das Bedürfnis nach einem allmächtigen Gegenüber abgelöst durch realistische Einschätzung der eigenen autonomen Möglichkeiten (KURZ).

3.1.4.4. Omnipotenz und Entwertung

Hinter den Gefühlen der Unsicherheit, Minderwertigkeit, Scham liegen oft verborgene, sorgfältig gehütete Größenphantasien und Allmachtsphantasien. Auf diese sogenannten narzißtischen Größenphantasien kann man sich zurückziehen:

a) als Reaktion auf Enttäuschung durch den idealisierten Menschen. Dadurch, daß man sich die Illusion der Unabhängigkeit von diesem Menschen (Größenphantasie) aufrecht erhält.

b) als Trost nach Kränkungen, vor allem nach Erfahrungen des Nicht-geliebt-werdens und, noch schlimmer, nach Erfahrung des Nicht-Lieben-könnens.

Dieser Rückzug auf Größenphantasien geht einher mit einer Entwertung des Gegenübers. Durch die Entwertung wird der andere, der einen enttäuscht hat, fallengelassen wie eine heiße Kartoffel.

Stufen der Entwertung:

a) Idealisierung des anderen, der als vollkommen, allmächtig erlebt wird.

b) Kippen der Beziehung oft durch die *kleinste* Kränkung.

c) Entwertung des anderen. Er wird total bedeutungslos und wird ohne Trauer aufgegeben, „weggeworfen wie eine ausgequetschte Zitrone". Er ist nicht wert, daß man ihn haßt.

d) Rückzug auf Größenphantasien und der Illusion der Unabhängigkeit von (diesem) Menschen.

Der unbewußte Zweck der Entwertung ist:

a) Die Spaltung in gute und böse Menschen kann aufrechterhalten bleiben.

b) Durch die Entwertung kann die Erfahrung der Ambivalenz erspart werden.

c) Die Entwertung verhindert die volle Projektion der eigenen Wut auf den anderen, wodurch dieser zu einem gefürchteten Verfolger werden könnte (KURZ).

3.1.4.5. Projektive Identifizierung

Die projektive Identifizierung ist, neben der Spaltung, der charakteristische Abwehrmechanismus bei Borderline-Patienten. Projektion bedeutet, daß man Gefühle und Phantasien, die man in sich selber ablehnt, nach außen verlagert und in einer anderen Person lokalisiert, so daß man dem anderen unterstellt, daß er die Gefühle, Gedanken und Phantasien hat, die man in sich selber ablehnt. Die Projektion ist ein psychischer Vorgang und hat keine direkte Interaktion zur Folge.

Bei der projektiven Identifikation dagegen verläßt die Projektion die Innenwelt und schlägt sich im interaktionellen Bereich nieder. In der Beziehung wird das Objekt der Projektion gezwungen, auf die projektiven Phantasien des anderen zu reagieren. So wird der andere, ohne es zu merken, zu einer Quelle für die Gefühle und der inneren Repräsentanzen desjenigen, von dem die Projektion ausgeht. Er wird dazu gedrängt, so zu denken, zu fühlen und sich zu verhalten, wie es den ausgelagerten Gefühlen und den projektiven Phantasien entspricht. Die projektive Identifikation ist ein subtiles Manipulationsinstrument, durch das die Menschen in der näheren Umgebung genötigt werden, eine Rolle bei der Inszenierung des inneren Dramas der früheren Objektbeziehungen zu übernehmen. Sie werden dazu gebracht, sich mit den verleugneten Seiten des Projizierenden zu identifizieren (daher die Bezeichnung projektive Identifikation) (CASHDAN, 1990).

OGDEN (1982) beschreibt einen dreiphasigen Prozeß bei der projektiven Identifikation:

In der ersten Phase versucht der Patient, sich von einem Teil seines Selbst, der als schlecht erlebt wird und das Selbst von innen her zu vernichten droht, dadurch zu befreien, indem dieser Teil des Selbst durch projektive Phantasien in einen anderen Menschen hineinverlegt wird.

In der zweiten Phase nötigt der Patient den anderen, sich so zu verhalten, wie es den projektiven Phantasien entspricht. Definitionsgemäß kommt es zu einer projektiven Identifikation nur dann, wenn es zu einer verhaltensmäßigen und emotionalen Interaktion kommt. Der Druck auf den anderen ist also ganz real und entspricht keiner Phantasie, da er sich aus einer realen Interaktion herleitet.

In der dritten Phase reagiert der Empfänger der projektiven Identifikation auf die Gefühle und Verhaltensweise, die durch die projektive Identifikation induziert wurden.

Durch die projektive Identifikation wird ein innerer Kampf um etwas Schlechtes und Unangenehmes in einen äußeren Kampf verwandelt. Die Abwehrfunktion besteht darin, daß etwas Schlechtes („Böses") externalisiert wird, in der Hoffnung, daß die Kräfte des „Guten" gewinnen und man sich mit sich selber besser fühlt.

In der Regel führt die projektive Identifikation zu einem Beziehungsfiasko. Sie entspricht einer Wiederholung einer Beziehungspathologie zwischen Mutter und Kind: Die Mutter versucht, um sich zu entlasten, ihre Pathologie dem Kind aufzudrängen, verbunden mit der Drohung, daß seine Existenz durch mangelnde Versorgung gefährdet ist, wenn es sich nicht fügt und ihren Anforderungen entspricht (CASHDAN, 1990).

3.1.4.6. Zuordnung der Hilfsmechanismen der Spaltung

Ordnet man die Hilfsmechanismen der Spaltung dem Spaltungsmodell zu, so ergibt sich folgendes Bild: Im guten Segment findet die primitive Idealisierung statt, im angepaßten Kind die Verleugnung der eigenen Gefühle und Bedürfnisse und des Autonomiebestrebens, im sogenannten bösen Segment ist die Entwertung, das impulsive Ausagieren und die Omnipotenz einzuordnen.

Durch die projektive Identifikation wird dieser intrapsychische Konflikt im Rahmen der Entäußerung nach außen verlagert,

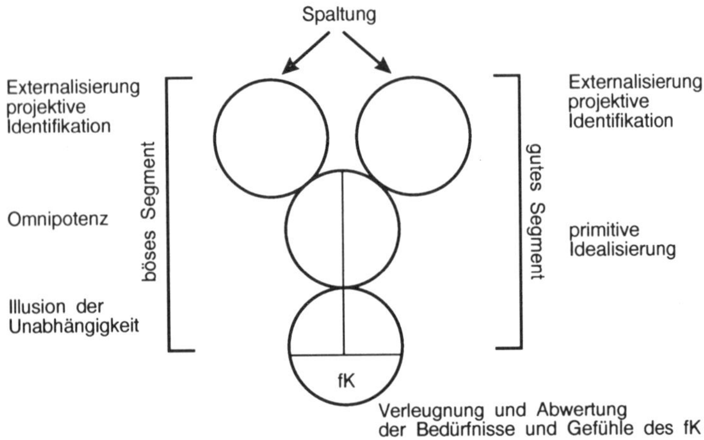

Abb. 23: Die Hilfsmechanismen der Spaltung im Rahmen des Spaltungsmodells

und so wird der intrapsychische Konflikt zu einem interpersonellen Konflikt.

Zusammenfassend haben PERRY und KLERMANN (1980, zit. nach ROHDE-DACHSER, 1983, S. 252) die typischen Borderline-Abwehrmechanismen folgendermaßen zusammengestellt:

- „Ärger externalisieren (**Externalisierung**)
- Ärger ausagieren (**Agieren**)
- Unter Spannung zu impulsiven Handlungen neigen (**Agieren**)
- Andere als feindlich und gefährlich sehen (**Projektion**)
- Andere feindlicher Gefühle bezichtigen, wenn sie sich selbst feindlich fühlen (**Projektion**)
- Widersprüchliche und nicht vereinbare Vorstellungen von sich selber zum Ausdruck bringen (**Spaltung des Selbst-Bildes**)

- Widersprüchliche und nicht vereinbare Vorstellungen von anderen schildern (**Spaltung der Objekt-Repräsentanzen**)
- Von anderen als ‚ganz gut' oder ‚ganz böse' sprechen (**Spaltung**)
- Blande Verleugnung, wenn sie mit Widersprüchen in ihren Gefühlen oder in ihrem Verhalten konfrontiert werden (**Verleugnung**)
- Gefühle aus der Vergangenheit verleugnen, wenn sie mit Gegenwärtigem in Widerspruch stehen (**Verleugnung**)
- Die Bedeutung eines ganzen Lebensbereiches verleugnen, der für die aktuelle Situation von offensichtlicher Relevanz ist (**Verleugnung**)
- Sprechen, als ob sie omnipotent wären (**Omnipotenz**)
- Verzerrte Wahrnehmung von sich und anderen (**Spaltung, Projektion, Verleugnung**)
- Befriedigung aus dem Gespräch über ihre Beziehung zu idealisierten Objekten (**primitive Idealisierung**)."

3.1.5. Die Spaltung und deren Hilfsmechanismen als adaptive Systeme

Die Spaltung und deren Hilfsmechanismen können als ein adaptives System verstanden werden. Dieses adaptive System wird als **primär adaptives System** bezeichnet. Es ist ein Anpassungsmuster, das im ersten und zweiten Lebensjahr entwickelt wurde, um das biologische Überleben zu garantieren.

Genetisch ist dieser Zeitraum vorwiegend der Loslösungs- und Individuationsphase zuzuordnen. Hier entstehen Fixierungspunkte für eine spätere pathologische Regression, so daß das Borderline-Syndrom manifest werden kann, da die Anpassungsmuster des primär-adaptiven Systems Fehlanpassungen sind, bezogen auf das Zusammenleben mit anderen sowie der Bedürfnisse und Gefühle des Individuums (SCHIFF, 1975, a).

Bei der Weiterentwicklung der Persönlichkeit wird dieses System übernommen und erfährt keine Korrektur an der Realität.

Folglich wird dann bei der Erwachsenen-Persönlichkeit das Denken durch das primär-adaptive System motiviert und nicht durch das Erwachsenen-Ich. Deshalb werden Probleme nicht vom Erwachsenen-Ich aus gelöst, sondern durch das primär-adaptive System.

Da dieses System jedoch eine Überlebensstrategie in der frühen Kindheit darstellt, wird jedes Benutzen des Erwachsenen-Ichs mit Überlebens- und Vernichtungsangst erlebt, da die Entscheidungen, die aus dem Erwachsenen-Ich heraus gefällt werden, nicht mit diesem Überlebenssystem übereinstimmen. Subjektiv wird dies erlebt durch Verwirrung, Denkhemmung, panikartige Angstzustände (Vernichtungsangst, Angst vor dem Ich-Verlust, Fragmentierungsangst), die das Denken behindern. Das Kind-Ich erlebt diese Pathologie als unbedingt notwendig zum Überleben. Das Erwachsenen-Ich ist fehlinformiert und nicht dazu fähig, dem Kind-Ich zu widersprechen. Ebenso ist das Eltern-Ich durch Einfluß des primär-adaptiven Systems mangelhaft ausgebildet und gegenüber dem Kind-Ich impotent.

Solch eine Person hat wenig Möglichkeit, diesem System ohne Intervention von außen zu entrinnen.

Das **sekundär-adaptive System** (SCHIFF, 1982) ist ein System, daß das primäre System kompensieren soll, d. h. es dient dazu, ein Vermeidungsverhalten aufzubauen, damit das primär-adaptive System nicht zur Anwendung kommen kann. D. h., das sekundär-adaptive System hat die Funktion, die destruktive Konsequenz, die das primäre System mit sich bringt, zu vermeiden. Bei dem sekundär-adaptiven System unterscheiden wir zwei Formen der Kompensation, nämlich die strukturelle Kompensation und die funktionelle Kompensation.

Bei der **strukturellen Kompensation** wird das Kind-Ich, in dem das primär-adaptive System verankert wird, ausgeschlossen. Der Patient benutzt nur das Erwachsenen-Ich und Eltern-Ich, um zu funktionieren. Er leidet unterhalb der gut funktionierenden sozialen Maske intern an innerer Leere und Sinnlosigkeit – sogenannte „Als-ob-Persönlichkeit".

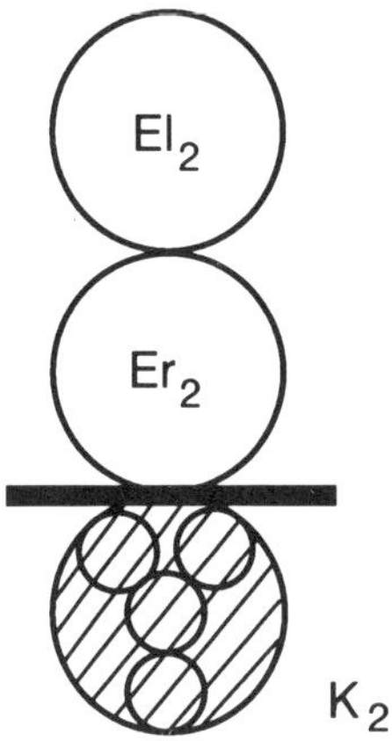

Abb. 24: Strukturelle Kompensation

Die **funktionelle Kompensation** besteht darin, daß versucht wird, durch Selektion und Begrenzung Situationen zu vermeiden, die die Krankheit provozieren, oder daß der Patient sich einen Partner aussucht, der seinem gespaltenen Eltern-Ich ähnlich ist. Entweder dadurch, daß er mit einem idealisiert guten Partner zusammenlebt oder mit einem sogenannten bösen Partner. Oder er lebt mit einer Person zusammen, die ebenfalls eine Borderline-Struktur hat, und beide können dann den Spaltungskonflikt im Rahmen der Beziehung ausagieren. Die Kompensation besteht darin, daß der Konflikt externalisiert wird.

Wenn es dem Borderline-Patienten nicht gelingt, ein sekundär-adaptives System zu entwickeln, dann zeigt er ein auf sich selbst bezogenes chaotisches Verhalten (Selbstzerstörung und Selbstverletzung), chaotisch auch in seinen Beziehungen. Eine soziale Anpassung gelingt ihm in der Regel nicht.

Therapeutisch besteht nun das zentrale Problem beim Borderline-Syndrom darin, daß das primär-adaptive System durch Einsicht nicht zu verändern ist.

Der Leidensdruck im Kind-Ich muß so groß sein, daß die Person bereit ist, bei entsprechendem therapeutischen Schutz die Vernichtungsangst zu tolerieren, die auftritt, wenn das primär-adaptive System zugunsten eines erfolgreichen Problemlösungsverhaltens aufgegeben wird, das alle drei Ich-Zustände einschließt und die interne und externe Realität berücksichtigt.

Die interaktionelle Dynamik

3.2. Beziehungsstörung beim Borderline-Syndrom

3.2.1. Einleitung

Nachdem unter 3.1. die intrapsychische Dynamik im Vordergrund stand, soll nun die interaktionelle Dynamik beim Borderline-Syndrom beschrieben werden. Die pathologische interaktionelle Dynamik manifestiert sich als Beziehungsstörung.

Der wichtigste Faktor in der Therapie von Borderline-Patienten ist die therapeutische Beziehung. Das Dilemma der Therapie besteht aber darin, daß der Patient sich zwar nach einer Beziehung sehnt, aber vieles unternehmen wird, um diese Beziehung zu zerstören.

Beziehungskonstanz kann der Patient jedoch nur lernen, wenn er eine tragfähige therapeutische Beziehung erlebt, in der seine unbewußten Versuche, die Beziehung zu zerstören, konfrontiert werden, und in der er dazu angehalten wird, gesundes Beziehungsverhalten zu lernen. Dies ist eine große Herausforderung für den Therapeuten, sowohl an seine narzißtische Kränkbarkeit, Beziehungsfähigkeit als auch an seine therapeutische Kompetenz.

3.2.2. *Beziehungsstörung*

Da beim Borderline-Syndrom die guten bzw. die bösen Selbst- und Objektvorstellungen durch die Spaltung getrennt gehalten werden, besteht kein integriertes Bild von sich selber und den anderen. Durch die Aufrechterhaltung der Spaltung kann ein Borderline-Patient in der Beziehung zu einem anderen Menschen folglich keine Kohärenz und Kontinuität erleben.

Da er die Gefühle Liebe und Haß, die ja zwei Seiten einer „Beziehungsmedaille" sind, durch die Spaltung getrennt erlebt, kann er einen Menschen auch nicht als Ganzes wahrnehmen. Entweder haßt er die Person, dann ist sie „total böse", und er fühlt sich von ihr bedroht und versucht, sich zu distanzieren und die Beziehung zu vermeiden; oder er liebt die Person, dann ist der andere ein „total guter", idealisierter Mensch ohne Fehl und Tadel (primitive Idealisierung). Die Verschiebung der Wahrnehmung seines Gegenübers als gute oder böse Person kann in einem kurzen Gespräch mehrmals erfolgen. Oftmals wird auch ein Teil der Menschheit, der therapeutischen Gruppe, des Behandlungsteams im Rahmen der Spaltung als böse und bedrohlich und ein anderer Teil als gut und nährend erlebt.

Das Beziehungsdilemma des Borderline-Patienten besteht nun darin, daß er, wenn er Nähe und Intimität mit dem „guten Segment" seiner Persönlichkeit zuläßt, diese Nähe und Intimität nur bis zu einem gewissen Grad als positiv erlebt. Ab einer bestimmten Grenze fühlt er sich von dem anderen verschlungen und hat das Gefühl, daß er seine Eigenständigkeit, Autonomie und Identität in der Beziehung verliert. Dabei tritt eine tiefe Angst auf, die Angst vor Ich-Verlust oder Vernichtung. In der Regel wird dann das „böse Segment" aktiviert, und der Patient erlebt den gleichen Menschen als bedrohlich und verschlingend und distanziert sich von ihm. Wenn aber die Distanz zu groß wird, dann entsteht eine Verlassenheitsangst, das andere, „gute Segment" wird wieder aktiviert, und er versucht, sich erneut anzunähern und sich anzuklammern, um die Angst vor dem Beziehungsverlust und die damit einhergehende Verlassenheitsdepression abzumildern.

Der Patient ist also zwischen symbiotischen Anklammerungstendenzen mit der einhergehenden Angst vor dem Ich-Verlust und der aggressiven Distanzierung, verbunden mit der Angst vor dem Beziehungsverlust und der Verlassenheitsdepression, hin- und hergeworfen. Er kann also nicht *mit* seinem Partner, aber auch nicht *ohne* seinen Partner leben. Aus diesem Grund nennt man das Beziehungsmuster beim Borderline-Syndrom *stabil-instabil,* d. h. das einzig Stabile in der Beziehung ist die chaotische Instabilität.

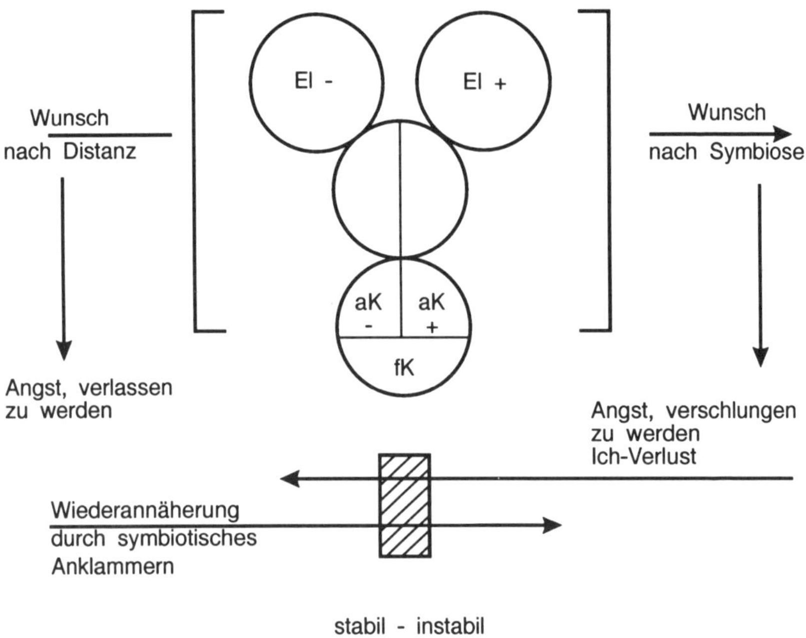

Abb. 25: Beziehungsstörung

3.2.3. Borderline-Beziehungsspiel (Spaltungsspiel)

Ein psychologisches Spiel ist die immer gleiche Abfolge von verdeckten Transaktionen, die in vorhersehbarem Gang auf einen genau definierten Nutzeffekt zulaufen, welcher aus unguten, in Abwertung begründeten Gefühlen besteht (RAUTENBERG, ROGOLL 1980). Das Spiel hat folgende Funktion:

1. Es dient dazu, die innere Unruhe zu überdecken und Spannung aufzubauen.
2. Die negative Zuwendung, die in der Regel auf das Spiel folgt, dient dazu, das Streichelkonto konstant zu halten.
3. Man kann sein Ersatzgefühl immer wieder erleben und diese unguten Empfindungen auskosten.
4. Durch das Spiel erreicht man, daß man eine Symbiose installiert.
5. Man kann Nähe und Distanz in der Beziehung regulieren.
6. Durch das Spiel wird der Umgang mit den anderen berechenbar, da man sich immer wieder in das alte, „gemütliche Elend" flüchtet. D. h., das Leben vollzieht sich in stereotypen Abläufen. Man ist vor Überraschungen geschützt und man wiederholt die traumatischen Kindheitssituationen (Wiederholungszwang).
7. Durch das Spiel weicht man der Realität aus und braucht keine Verantwortung zu übernehmen.
8. Durch das Spiel wird die Grundposition bei Borderline-Patienten – meistens eine „Ich bin nicht OK/Du bist nicht OK Position (-/-Position) oder eine Ich bin nicht OK/Du bist OK Position (-/+)" – verfestigt (in Anlehnung an RAUTENBERG, ROGOLL 1980).

BERNE hat eine Spielformel aufgestellt, die die einzelnen Elemente des Spiels verdeutlichen: K + S = A -- W -- E (K= Köder, S= Spielanfälligkeit, A= Antwort, W= Wendung, E= Endergebnis)

Die primitive Idealisierung stellt meist den *Köder* bei dem Borderline-Spiel dar. Das heißt z. B., im guten Segment wird der

Therapeut als allmächtiger Retter erlebt. Die Spielanfälligkeit des Therapeuten ist meist darin begründet, daß er sich mit dieser Idealisierung identifiziert und glaubt, daß er dem Patienten in einer Art Heilsbringerhaltung durch seinen unermüdlichen Einsatz helfen kann (siehe Abschnitt 3.3. Übertragung und Gegenübertragung).

Die *Antwort* von Seiten des Patienten besteht darin, daß er ein anklammerndes Verhalten zeigt und dem Therapeuten vermittelt, daß sein Überleben von seiner ständigen Präsenz und Verfügbarkeit abhängt. Hinter diesem immensen Abhängigkeitsbedürfnis verbirgt sich ein bis zum Sadismus hin reichendes Kontrollbedürfnis von Seiten des Patienten, der den Therapeuten nicht als autonomes, eigenständiges Individuum ansehen kann, sondern ihn dazu zwingen möchte, seine Abhängigkeitsbedürfnisse zu befriedigen.

Die *Wende* kommt dadurch zustande, daß der Therapeut, bedingt durch die symbiotische Ausbeutung, innerlich immer ärgerlicher wird und der Patient im symbiotischen Sog dieser Beziehung die Angst vor dem „Verschlungenwerden" erlebt. Um diese Angst zu mildern beginnt der Patient, sich aggressiv zu distanzieren, indem er dem Therapeuten seine „gutgemeinte Hilfe" zum Vorwurf macht. Bei einem neurotischen Spiel wäre damit das *Endergebnis* erreicht und die Endauszahlung in dem Beziehungsspiel könnte in Form eines Beziehungsabbruchs „kassiert" werden. Bei dem Borderline-Spiel geht das Spiel aber weiter, da der Patient durch die drohende Trennung sein „Lieblingsgefühl" im bösen Segment, nämlich die Verlassenheitsdepression erlebt und nun versucht, den Therapeuten erneut in die Symbiose zu zwingen, indem er ihm vermittelt, daß er ohne ihn nicht leben kann und er unbedingt seine Hilfe braucht. Gelingt es ihm nicht, dem Therapeuten Schuldgefühle durch den Vorwurf zu machen, daß er sich mit ihm eingelassen habe und er ihn jetzt nicht im Stich lassen dürfe, dann eskaliert er in selbstschädigendes Verhalten in Form von Suizidversuchen, Selbstverletzungen usw., um eine erneute Versorgung zu erzwingen.

Durch die wechselseitige Aktivierung des „guten“ und „bösen“ Segments wird erreicht, daß die Beziehung stabil-instabil bleibt. Dieses Spaltungsspiel kann man folgendermaßen benennen: *„Ich kann nicht ohne dich leben, aber ich kann auch nicht mit dir leben.“* Oder: *„Du bist mir zu nah, du bist mir zu fern.“* Oder: *„Ich liebe Dich – ich hasse Dich.“*

Der *psychologische Gewinn* dieses Spiels besteht in der Verweigerung von *Autonomie.* Die Bestätigung der „Lieblingsüberzeugung“, daß

- Autonomie lebensbedrohlich ist,
- Intimität gleichbedeutend mit Identitätsverlust ist,
- und Trennung mit der Vernichtung gekoppelt ist,

stellt den *existentiellen Gewinn* dar.

Der *biologische Gewinn* besteht darin, daß man seinen Streichelhaushalt reguliert und das borderline-spezifische Streichelkonto bilanziert.

3.2.4. Spielanalyse

Die Analyse der Interaktionsdynamik zwischen Patient und Therapeut unter Benutzung des Dramendreiecks ergibt folgende Schritte:

Am Anfang der Therapie hat der Patient bezogen auf den Therapeuten eine illusionäre Genesungsvorstellung. Er glaubt nämlich, dadurch gesund zu werden, daß er mit dem Therapeuten im „guten Segment“ eine Symbiose eingeht. In der Regel geht der Patient eine komplementäre Symbiose auf dem Niveau eines Opfer-Helferverhaltens ein. Da er sich schwach und verletzlich fühlt, sucht er einen entsprechenden Helfer, der in seiner Phantasie den idealen Versorger darstellt. (1)

In der Beziehung zum Therapeuten tritt mangels der schwach ausgebildeten Ich-Grenze des Patienten die Angst vor dem Verschlungenwerden (Angst vor dem Ich-Verlust, Fragmentierungsangst) auf. (2) Diese Angst wird in der Form auf den

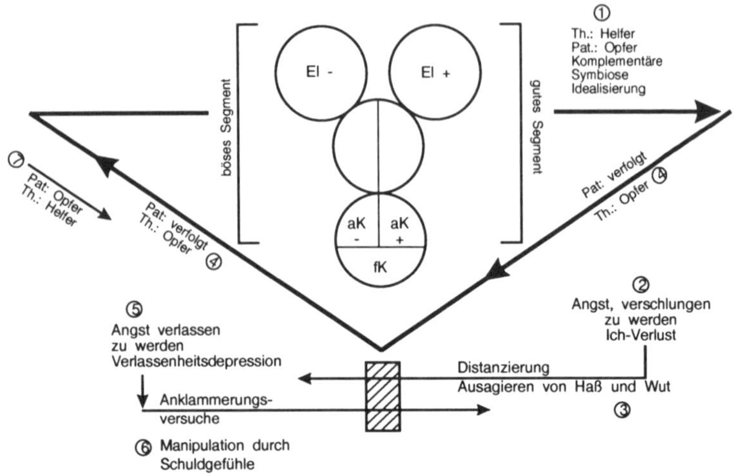

Abb. 26: Dramendreieck in einer typischen Borderline-Spielsequenz

„Helfer" projiziert, daß er dem Therapeuten eine aggressive Haltung (Verfolger) vorwirft, daß er seine Grenze nicht respektiere und ihm seine Freiheit nehmen wolle. (3)

Es kommt nun zu einem Rollenwechsel im Dramendreieck. (4) Der Patient wird zum Verfolger und der Therapeut zum Opfer. Der Patient erlebt im anderen den Vernichter seiner Existenz und verfolgt den Therapeuten, als ob er eine tödliche Bedrohung darstellt. Er dreht den Spieß um und versucht, den Therapeuten zu therapieren. Oder er spaltet und teilt dem Therapeuten mit, daß Therapeut XY ein besserer Therapeut sei und er mehr Vertrauen habe (guter Therapeut) und er zu ihm kein Vertrauen habe (böser Therapeut). Ein Therapeut, der diese typische Gegenübertragungsreaktion nicht reflektieren kann, wird sich nun enttäuscht und verletzt zurückziehen, da er erlebt, daß seine gut gemeinte Hilfe umdefiniert wird zu einer tödlichen Bedrohung.

Zieht er sich nun aber zurück, um nicht in den Sog dieser extremen Aggression zu kommen, wird der Patient seine Angst vor dem Verlassenwerden erleben. Zur Abwehr dieser sogenannten Verlassenheitsangst oder Verlassenheitsdepression wird er nun versuchen, durch Anklammerungsversuche (5) den anderen zu zwingen, wieder in die Helferrolle (6) zu gehen. Diese Manipulation läuft meistens über Schuldgefühle machen (erneuter Rollenwechsel im Dramendreieck) (7).

Der Therapeut ist nun in einer Zwickmühle: Einmal wird er idealisiert als der Versorger, der den Patienten retten kann. Wenn er versucht ihm zu helfen, wird er wie eine tödliche Bedrohung erlebt. Distanziert er sich daraufhin, wird er durch anklammerndes Verhalten (Schuldgefühle machen, Vorwürfe, usw.) dahin manipuliert, erneut eine Symbiose mit dem Patienten einzugehen. Durch dieses Manöver wird der ungeschulte Therapeut in seiner beruflichen Identität so stark verunsichert, daß er versucht, aus dem Spiel in der Form auszusteigen, daß er den Patienten loszuwerden versucht. Der Patient erlebt sich dann wieder in der Opferrolle und erlebt den Therapeuten als Verfolger, der anfangs große Hoffnungen geweckt hat, aber ihn nun doch fallen läßt, wie immer in seinen Beziehungen.

Sucht er sich einen neuen Therapeuten, wird er den alten in der Form abwerten, daß er ihn als einen sadistischen, eindringenden Menschen schildert oder ihn als inkompetent und unfähig darstellt.

Der Patient ist sich nicht bewußt, daß er den Therapeuten nicht als realen Menschen erlebt, sondern ihn verzerrt auf dem Hintergrund seiner primitiven, durch die Spaltung getrennt gehaltenen Objektbilder wahrnimmt.

Diese Borderline-Manöver im Rahmen des Dramendreiecks dienen dazu, die borderline-spezifischen Ängste zu vermeiden und die Spaltung auszuagieren. Die Angst vor dem Ich-Verlust und Verschlungenwerden wird ausagiert durch Haß und Wut und die Angst vor dem Verlassenwerden durch symbiotisches, anklammerndes Verhalten.

3.3. Übertragung und Gegenübertragung beim Borderline-Syndrom

In der *Übertragungsbeziehung* mit der damit verbundenen Gegenübertragungsreaktion wird die Beziehungsstörung am deutlichsten sicht- und erlebbar und damit auch der Bearbeitung zugänglich. Die Übertragungsbeziehung ist diejenige Beziehung, in der der Patient entweder frühere Eltern-Kind-Beziehungen oder die primitiven Objektbeziehungen wiedererlebt, indem er sein eigenes Eltern-Ich 2 oder sein Eltern-Ich 1 auf den Therapeuten projiziert.

Aus diesem Grund unterscheidet man in der TA zwei Formen der Übertragung (MOISO, 1985):

- die Eltern-Ich 2-Übertragung
- die Eltern-Ich 1-Übertragung

3.3.1. ELTERN-ICH 2-Übertragung

Die Eltern-Ich 2-Übertragung ist die klassische Übertragungsbeziehung, die der neurotische Patient zu seinem Therapeuten aufbaut. In dieser Übertragungsbeziehung versucht er den Therapeuten so zu beeinflussen, daß dieser aus seinem kritischen oder nährenden Eltern-Ich 2 reagiert.

Das Eltern-Ich 2 ist ein Introjekt der ganzen Elternfigur (BERNE, 1966). Dieser Introjektionsprozeß findet in Phase IV und Phase V der kindlichen Entwicklung statt. Da in diesen Phasen das Erwachsenen-Ich 2 schon hinreichend gut funktioniert, kann diese Projektion in der transaktionsanalytischen Behandlung mit verschiedenen Techniken, die das Erwachsenen-Ich involvieren, behandelt werden. Dies ist deshalb möglich, da die Patienten, die eine Eltern-Ich 2-Übertragung entwickeln, keine schweren Schäden des Erwachsenen-Ich-Denkens zeigen (WALLERSTEIN, 1967).

In der *Übertragungsbeziehung* projiziert der Patient den Ich-Zustand der realen Eltern auf den Übertragungsschirm vor dem Therapeuten, indem er den internen Dialog zwischen Eltern-Ich 2 und Kind-Ich 2 externalisiert. Dabei benutzt er die Spiele und Rackets, die er in der ursprünglichen Beziehung zu seinen Elternfiguren gezeigt hat.

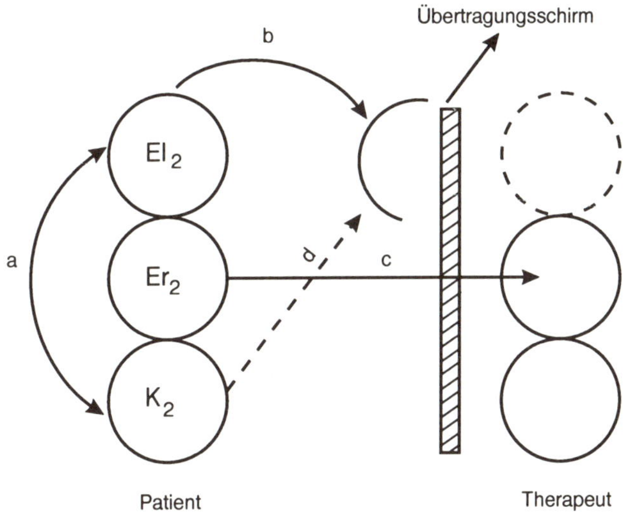

Abb. 27: Eltern-Ich 2-Übertragung (nach MOISO, 1985)
a) interner Dialog
b) projizierte Struktur
c) soziale Transaktion
d)gedeckte Transaktion, Übertragungsbotschaft

Eine *negative Übertragung* entsteht dann, wenn er versucht, durch die Spiele, die er mit dem Therapeuten spielt, die gleichen

Frustrationen, die er von seinen realen Eltern erfahren hat, zu erreichen. Eine *positive Übertragung* findet dann statt, wenn der Patient versucht, die Erlaubnisse und Zuwendungen von dem Therapeuten zu bekommen, die er von seiner ursprünglichen Umgebung nicht erhalten hat.

3.3.2. ELTERN-ICH 1-Übertragung

In der Eltern-Ich 1-Übertragung werden die frühen primitiven Objektbeziehungen wiedererlebt. Da beim Borderline-Patienten das Eltern-Ich 1 in einen guten und bösen Anteil gespalten ist, wird der Therapeut entweder als omnipotent symbiotisch versorgendes oder als sadistisches zerstörerisches internes Objekt erlebt.

In der Übertragungsbeziehung werden alternierend sowohl das Eltern-Ich 1 gut (El 1+) als auch das Eltern-Ich 1 böse (El 1-) auf den Therapeuten projiziert und der interne Dialog zwischen Eltern-Ich 1 gut und angepaßtem Kind gut (aK +) und Eltern-Ich 1 böse und angepaßtem Kind böse (aK-) externalisiert.

3.3.3. Gegenübertragung

Unter Gegenübertragung versteht man die bewußte und unbewußte Gefühlsreaktion des Therapeuten auf den Patienten (KERNBERG, 1975, c). Genauso wie der Therapeut Einfluß auf den Patienten ausübt, um ihm zur Genesung zu verhelfen, so übt der Patient oft auch einen krankmachenden Einfluß auf den Therapeuten aus. C. G. JUNG (1983) spricht von einer Verbindung von Arzt und Patient, von einer Einheit, in der sich Gefühle ausgleichen, d. h. der Therapeut teilt dem seelisch Leidenden etwas von seiner eigenen Gesundheit mit, während er selbst auch etwas von der Krankheit des Kranken abbekommt – ein sogenannter *reziproker Affekt*.

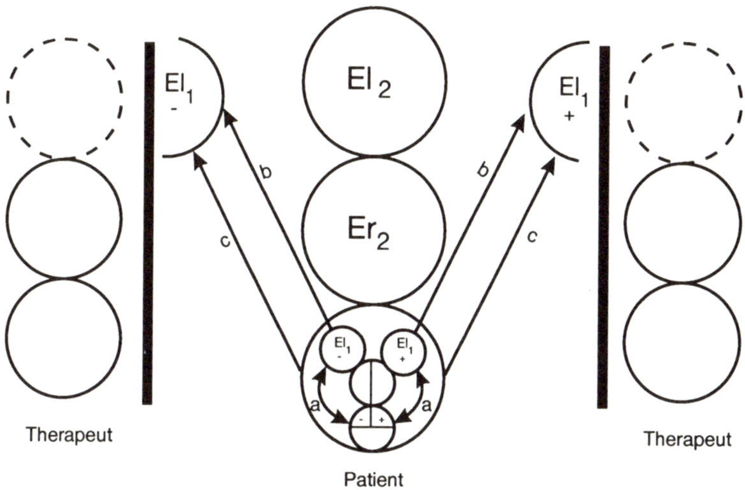

Abb. 28: Eltern-Ich 1-Übertragung
a) interner Dialog
b) projizierte Struktur wechselseitig El 1+ / El 1-
c) Übertragungstransaktion

Durch den Spaltungsmechanismus bedingt hat die Gegenübertragung einen abrupt wechselnden Charakter. Einmal fühlt man sich aufgerufen, die symbiotischen Bedürfnisse des Patienten zu befriedigen, dann plötzlich empfindet man eine intensive Aggression auf den Patienten und man versucht sich davor zu schützen, indem man ihn mit „Anstand", „zu seinem eigenen Besten" loswerden will. Im Klinikjargon nennen wir dies die „emotionale Kneippkur" (warm-kalt).

Durch den Abwehrmechanismus der projektiven Identifikation werden die Ich-Grenzen des Therapeuten unterlaufen, man hat den Eindruck, daß der Patient in die privaten seelischen Räume des Therapeuten eindringt, ohne daß man sich dagegen wehren kann. Das heißt, es fällt einem schwer, einen konfliktfreien Binnenraum in sich selbst aufrechtzuerhalten.

Genauso wie ein Arzt, der auf einer Isolierstation mit hochinfektiösen Patienten arbeitet, Schutzvorkehrungen treffen muß, z. B. sich die Hände waschen, neue Kittel anziehen usw., muß sich auch der Therapeut vor dieser Destruktivität der Patienten schützen. Wichtig ist, daß er zu unterscheiden lernt, welche Gefühle in ihm von dem Patienten durch die Gegenübertragung ausgelöst wurden und welche seine eigenen Gefühle sind. Um dies zu lernen, ist eine ständige Supervision notwendig. Gelingt ihm dies, dann kann die Wahrnehmung der Gegenübertragungsgefühle zu einem „emotionalen Auge" werden, also einem weiteren Sinnesorgan, um die Dynamik, die der Patient entfaltet, besser verstehen zu können. Er kann sich nun fragen, „was macht das mit mir, wenn ich mich mit diesem Menschen einlasse". Diese Wahrnehmung kann er dem Patienten in Form einer Konfrontation zurückspiegeln, damit dieser realisieren kann, was er im seelischen Bereich seines Gegenübers im Sinne des Wiederholungszwanges bewirkt und welche Selbstanteile er im Therapeuten deponiert.

3.3.4. *Spezifische negative Gegenübertragung*

Da bei den Borderline-Patienten die Symbiose nicht befriedigt oder die Autonomie in der Separations- und Individuationsphase verweigert wurde, dreht er den Spieß um und verweigert die Autonomie aus Rache und Wut: „Ich bin nun so wie ihr mich haben wollt, nun seht, was ihr davon habt": „Ihr müßt mich entschädigen und dafür sorgen, und alles, was in der Therapie schiefläuft, ist eure Schuld." Oder: „Wenn ihr nicht das tut, was ich will, dann hacke ich mir die Hand ab und ihr seid schuld daran." Der Patient versucht, den anderen in die Symbiose zu zwingen – dies hat einen rachsüchtigen Aspekt. Wenn der Therapeut aus der Symbiose aussteigt, eskaliert der Patient in erhöhte Negativität und kann so das Selbstkonzept des Therapeuten erschüttern und seine berufliche und persönliche Identität untergraben, wenn der Therapeut naiverweise glaubt, er müsse ein „wohlwollender Helfer" sein. Je negativer der Patient ist und um so mehr er „jammert", es gehe ihm immer schlechter, um so mehr wird der Therapeut in der Regel versuchen, ihm zu helfen. Er spürt die unweigerliche Verpflichtung in sich, für diesen scheinbar so wenig lebensfähigen Patienten die volle Verantwortung zu übernehmen und ihn für alle erlittene Unbill zu entschädigen.

3.3.5. Gegenübertragung im Behandlungsteam

Arbeitet man in einer Institution oder in einem Behandlungsteam, dann übernehmen mitunter einzelne Teammitglieder im Rahmen der Gegenübertragung einzelne Fragmente der Spaltungsstruktur.

Ist das Team nicht geschult im Umgang mit schwergestörten Patienten, d. h. ist es nicht in der Lage, die Gegenübertragung als solche zu erkennen und zu reflektieren, dann agiert das Team den Borderline-Konflikt stellvertretend für den Patienten aus, und es entsteht eine Spaltungsdynamik im Team. Da der Patient oft nicht in der Lage ist, seine Konflikte in sich selbst auszuhalten, benutzt er die Entäußerung, um seinen Konflikt zu externalisieren. Gelingt ihm diese Entäußerung, dann agiert das Team diesen Konflikt aus. Geschieht dies, so hat der Patient wenig Chancen zu genesen. In der Regel wird sein Zustandsbild sich rapide verschlechtern.

Im Rahmen der Entäußerung übernehmen einzelne Teammitglieder Fragmente der Borderline-Dynamik:

Spaltung:

Es wird extrem über den Patienten diskutiert. Die einen wollen ihm helfen, die anderen möchten sich von ihm aggressiv distanzieren und ihn loswerden. Die Diskussion hat in der Regel unerbittliche Züge, Zwischentöne oder andere Optionen werden nicht diskutiert. Sobald sich eine Diskussion über einen Borderline-Patienten extrem polarisiert, sollte man an Spaltung denken.

Impulsdurchbruch:

Der behandelnde Therapeut oder der Leiter des Teams stellt das Problem so dringlich dar, als ob man sich sofort entscheiden müsse. Durch die scheinbare Dringlichkeit nimmt man sich keine Zeit, die Konsequenzen der Entscheidung genau zu durchdenken, man handelt oft unter Trübung oder Ausschluß des Erwachsenen-Ichs.

Hoffnungslosigkeit:

Ein Teil des Teams erlebt, daß dieser Patient so schwer krank ist, daß Hilfe prinzipiell nicht möglich ist. Ihre Argumentation hat sehr resignative Züge, verbunden mit Gefühlen von Sinnlosigkeit und Hoffnungslosigkeit.

Ausgeliefertsein:

Ein Teil des Teams fühlt sich von der Negativität und Destruktivität des Patienten überschwemmt und verleugnet die Möglichkeit einer internen Abgrenzung.

Innere Distanzierung:

Man nimmt an dem Konflikt nicht offen teil, sondern distanziert sich in einer abwendenden Haltung, verbunden mit einer abwertenden, arroganten Attitüde: „Ich wußte doch von Anfang an, daß dies nicht gutgehen kann, und jetzt wird sichtbar, was ich immer schon geahnt habe."

Angst und Kritik von außen:

Man möchte den Konflikt im Binnenraum des Teams belassen, obwohl schon alle Teammitglieder massiv miteinander verstrickt sind. Man hat Angst davor, einen neutralen Beobachter hinzuzuziehen, da man glaubt, entlarvt zu werden und sich herausstellen könnte, daß das gesamte Team ein hoffnungslos schlechtes Team mit geringer therapeutischer Kompetenz sei. So versucht man, sich der Kritik anderer zu entziehen, und realisiert dabei nicht, daß diese Patienten im Rahmen der Entäußerung diese Konflikte bei anderen induzieren und gerade ein neutraler Beobachter von außerhalb entscheidend dazu beitragen könnte, diese Verflechtung und Verstrickung zu lösen.

3.4. Supervision

Die Reflektion der Übertragung und Gegenübertragungsreaktion ist ein wesentlicher Bestandteil der Supervision. Die Supervision, bezogen auf schwergestörte Patienten, unterscheidet sich wesentlich von der Supervision bei neurotischen Patienten.

Ist ein Therapeut bei einem neurotischen Patienten in ein Spiel eingestiegen, so ist es die Aufgabe der Supervision, dem jeweiligen Therapeuten seine eigenen blinden Flecken zu verdeutlichen. Die Supervision bei neurotischen Patienten hat, neben der Vermittlung von Interventionsstrategien und Informationen, weitgehend einen Selbsterfahrungsanteil des Therapeuten, bezogen auf den Therapiekonflikt, zum Inhalt.

Beim Umgang mit schwergestörten Patienten steht dieser Selbsterfahrungsanteil im Hintergrund. Es geht im wesentlichen darum, die Dynamik des Patienten zu erkennen und zu erfassen und zu lernen, wie man mit dem Streß, den diese Patienten auch bei den erfahrensten Therapeuten auslösen, konstruktiv umgehen kann. Es ist nicht unbedingt anzuraten, den internen Streß noch zu erhöhen, indem die Mitarbeiter sich selbst fragen, was zum Beispiel ihre eigenen Borderline-Anteile sind. Wichtiger ist die Frage, was kann unternommen werden, um den Streß zu mildern. Es ist hilfreicher, zu jemandem hinzugehen und ihm mitzuteilen, wie es einem geht, welche Phantasien und Ängste, Ärger und Hoffnungslosigkeitsgefühle man bezogen auf den Patienten hat. Dies soll vorwiegend der Entlastung dienen.

„Auftreten von Spaltungen im Team sind als Externalisierung der dissoziierten Persönlichkeitsanteile des Patienten zu sehen, deren Integration bzw. Reintegration im Team im Rahmen einer Supervision aller Erfahrung nach positiv auf den Patienten zurückwirkt. Oft hat es den Anschein, als gelänge ihm sozusagen auf diesem Umweg eine Wiederverinnerlichung der ursprünglich nach außen projizierten, nunmehr integrierten Persönlichkeitsanteile" (ROHDE-DACHSER 1986, d).

Jeder Therapeut, der mit diesen Patienten arbeitet, hat die Aufgabe, sich innerhalb des Kollegenteams ein Unterstützungssystem aufzubauen, damit er den Streß, den die Therapie von diesen Patienten notwendigerweise mit sich bringt, besser verarbeiten kann.

4. Stationäre Therapie des Borderline-Syndroms

4.1. Grundbedingungen

Bei schwergestörten Borderline-Patienten ist die stationäre Langzeitpsychotherapie (Dauer ungefähr ein Jahr) oft die *„einzige realistische* Entwicklungschance" (LOHMER 1988, a).

In einer umfangreichen Studie belegte KERNBERG (1972) die Überlegenheit der stationären Langzeitpsychotherapie gegenüber der ambulanten Psychotherapie bei Borderline-Patienten: Es wurden deutlich bessere Ergebnisse bezogen auf Symptomverlust, strukturelle Veränderungen und Realitätsbewältigung im Alltag erzielt als bei einer Vergleichsgruppe, die durch eine ambulante Psychotherapie behandelt wurde.

Ziel der stationären Psychotherapie ist es, den Patienten auf eine ambulante nachsorgende Therapie vorzubereiten. Das heißt, der Patient muß soweit sein Funktionsniveau verbessern, daß er in der Lage ist, ein tragfähiges Arbeitsbündnis mit einem ambulant behandelnden Therapeuten einzugehen. „Hier liegt die eigentliche Chance der stationären Psychotherapie und auch ihre genuine Indikation" (HOFFMANN, 1982).

Die Wurzeln der therapeutischen Gemeinschaft des Grönenbacher Modells sind in der Synanon-Bewegung zu suchen. Synanon ist eine therapeutische Gemeinschaft von Drogenabhängigen. In Anlehnung an Synanon entwickelte CASRIEL (1971) die wichtigsten Prinzipien seines Modells der therapeutischen Gemeinschaft. Diese Prinzipien wurden in Bad Herrenalb und Grönenbach übernommen und weiterentwickelt.

Der Umgang mit schwergestörten süchtigen Patienten (Drogen-, Medikamenten- und Alkoholsucht sowie süchtigen Eßerkrankungen wie Anorexie, Bulimie und Eßsucht) hatte in BAD

HERRENALB* eine fast 18jährige, in GRÖNENBACH seit 1979 eine annähernd 12jährige Tradition. Auf diesem Hintergrund einer langjährigen klinischen Erfahrung in der Behandlung von Suchtkranken und schweren Charakterstörungen entwickelte sich die Borderline-Therapie in unserem Hause. Klare Strukturen und Grenzsetzungen mit entsprechenden Normen und Regeln und Konfrontation bei Verletzung dieser Regeln sind inzwischen selbstverständliche Parameter jeder stationären Suchttherapie geworden.

Trotzdem waren die Borderline-Patienten auch in unserem Setting ausgesprochene Problempatienten. Bedingt durch die Spaltungsprozesse, das soziale Ausagieren und die spezifischen Gegenübertragungsreaktionen des Teams gelang es einigen Borderline-Patienten, ihre Dynamik vergleichbar mit sozialem Steppenbrand über die gesamte Klinik zu verbreiten.

Durch diese spezifische Dynamik wurden die latenten Spannungen, Rivalitäten und dysfunktionalen organisatorischen Arbeitsabläufe in unserem gesamten Organisationskonzept sichtbar. „Die Spaltungsabwehr und die Zersplitterung in miteinander nicht integrierte Teilobjektbeziehungen kann so eine entsprechende Zersplitterung des therapeutischen Systems anstoßen oder manifest werden lassen" (LOHMER, 1988, S. 106). Aus diesen Gründen war es notwendig, das gesamte Klinikkonzept systemisch zu betrachten. Vor allen Dingen wurde die Grenzziehung zwischen den einzelnen Subsystemen zur vorrangigen Aufgabe.

Die Kontrollfunktion über diese Grenzen obliegt der Klinikleitung; aber auch alle anderen Mitglieder innerhalb des Systems haben in ihren Subsystemen Führungsaufgaben zu bewerkstelligen. Analog dazu übernimmt bei einem gesunden Menschen das Erwachsenen-Ich 2 die Führungsrolle und die Kontrollfunktionen über die einzelnen Ich-Zustände und deren Abgrenzung zueinan-

* Gemeint ist die soziopsychosomatische Klinik in Bad Herrenalb, die von Dr. med. Walther LECHLER geleitet wurde.

der. Das heißt, das Erwachsenen-Ich 2 übt eine „Management-Kontrollfunktion" aus. Bei Borderline-Patienten liegt ein teilweiser oder völliger Zusammenbruch dieser Kontrollfunktion des Erwachsenen-Ich 2 vor. Die therapeutische Aufgabe besteht nun darin, die Wiedererrichtung dieser Kontrollfunktion zu erreichen.

Im Rahmen der Externalisierung (S. 78) versucht nun der Borderline-Patient, sein inneres Chaos, bedingt durch mangelnde Kontrollfunktionen, in das soziale System der Klinik zu entäußern. Gelingt ihm dies, dann kommt es zu einer Konfusion und Verwirrung über den Umgang mit Grenzen, unterschiedlichen Rollen und Aufgaben im sozialen System Klinik. Diese Entäußerung kann ihm allerdings nur dann gelingen, wenn das Kliniksystem mangels einer klaren Strukturierung anfällig für diese Entäußerung ist. Dann sind Spaltungsprozessen und den projektiven Identifikationen Tür und Tor geöffnet. Erfolgt keine klare grenzsetzende Reaktion auf das destruktive Verhalten von seiten des Kliniksystems, wie es für einen laissez-faire-Stil typisch ist, dann kann dies zu einer Zerstörung des therapeutischen Rahmens führen. „Die Einigung auf solche grenzsetzenden Reaktionen des Teams dient damit neben der Behandlung des Patienten auch der Aufrechterhaltung der Organisation und ihrer Arbeitsfähigkeit" (LOHMER, 1988, S. 100). Gleichzeitig stellt die Klinik aber auch ein äußeres Modell zur Verfügung, wie Managementfunktionen ausgeübt werden und wie Grenzziehung dazu dient, daß die einzelnen Subsysteme im Rahmen des Gesamtorganismus Klinik reibungslos miteinander funktionieren. Dadurch hat der Patient eine Möglichkeit, dies zu inkorporieren und auch auf sich anzuwenden.

ZWIEBEL (1987) hat eindrucksvoll dargestellt, wie die Fähigkeit der Mitarbeiter nachließ, mit schwierigen Patienten therapeutisch zu arbeiten, als die gesamte Institution durch einen existentiellen Konflikt mit dem Träger gefährdet war. Von daher müssen sich Mitarbeiter und Team vom Gesamtsystem hinreichend unterstützt und gefördert fühlen, um die schwierige Aufgabe, schwergestörte Patienten zu behandeln, erfüllen zu können.

4.1.1. *Strukturen*

Neben den systemischen Voraussetzungen sind bestimmte Grundbedingungen und Rahmenstrukturen notwendig, um eine stationäre Therapie von Borderline-Patienten zu bewerkstelligen. Diese Rahmenstrukturen sind folgende:

1. Klare therapeutische Struktur, die einerseits Schutz und Erlaubnis für den Patienten ermöglicht, andererseits klare Grenzen setzt.
2. Definition der therapeutischen Möglichkeiten in diesem Setting, damit nicht die Gefahr besteht, daß in einem grandiosen Denken geglaubt wird, daß alle Borderline-Patienten jedweden Schweregrades behandelt werden können. Diese Grenze muß genau definiert und dem Patienten bekannt sein.

   Bei unserem Therapiekonzept besteht die Grenze in der Frage, ob der Patient in der Lage ist, ein Arbeitsbündnis einzugehen, d. h., ob er einen Non-Vertrag und den allgemeinen Konfrontationsvertrag erstellt, die von der Gruppe und dem Therapeuten akzeptiert werden, und ob er die positiven Sanktionen einhält (siehe Seite 112).
3. Struktur des Settings und die therapeutischen Interventionen müssen an der Hauptabwehr des Borderline-Syndroms, nämlich der Spaltung und deren Hilfsmechanismen ansetzen. Durch ständige Konfrontation und Interpretation werden diese Abwehrmechanismen verdeutlicht.

   Gerade am Anfang der Therapie ist es wichtig:

   a) das destruktive selbst- und fremdschädigende Verhalten zu stoppen.

   b) die Entäußerung und die projektive Identifizierung zu konfrontieren und zu interpretieren.
4. Das therapeutische Team muß so ausgebildet und geschult sein, daß es die Spaltung nicht stellvertretend für den Patienten ausagiert, sondern sie reflektiert und in der Lage ist, die projizierten Fragmente des Patienten in einer integrativen

Zusammenschau zu einem Bild zu vereinigen. Gelingt dies nicht, so kommt es zu einer rapiden Verschlechterung des Zustandsbildes des Patienten.

5. Das Behandlungsteam muß die Möglichkeit einer geeigneten Supervision haben, um diese Integration der projizierten, dissoziierten Persönlichkeitsanteile des Patienten zu leisten.
6. Diejenigen Therapeuten, die die Borderline-Patienten direkt betreuen, müssen über eine gut integrierte Persönlichkeitsstruktur verfügen, eine hohe therapeutische Kompetenz besitzen und langjährige Erfahrung haben. Gegenübertragungsgefühle müssen sie reflektieren können und sich zusätzlich Hilfsquellen verschaffen, um den Streß der Therapie zu mildern, den die Arbeit mit schwergestörten Patienten mit sich bringt.

4.2. Voraussetzungen

Einer der häufigsten Fehler bei der Behandlung des Borderline-Syndroms besteht darin, daß am Anfang der Therapie *kein Therapievertrag* abgeschlossen wird, in dem Ziele, Grenzen, Möglichkeiten, Gefahren und Komplikationen der Therapie aufgezeigt und definiert werden.

Da bei Borderline-Patienten das problemlösende Denken bezogen auf den borderlinespezifischen Konflikt nicht vom Erwachsenen-Ich 2 ausgeht, sondern von dem primär-adaptiven System, ist die Erstellung eines Vertrages die entscheidende Intervention zu Beginn der Therapie.

Normalerweise definiert der Borderline-Patient die symbiotische Überanpassung im „guten Segment" als sein „gesundes Verhalten". Er glaubt gesund zu werden, wenn er mit dem Therapeuten eine symbiotische Beziehung eingeht. In dieser Symbiose, die für den Patienten alle Hoffnungen verkörpert, will er mit dem Therapeuten eins werden, und der Therapeut soll die Schmerzen der Vergangenheit aufheben oder ihnen nachträglich einen Sinn geben (ROHDE-DACHSER, 1983, 3). Diesen Vorgang nennt man primitive Idealisierung: Der Therapeut wird dabei als allmächtig erlebt und ist dazu da, die traumatische Vergangenheit aufzuheben und alles wieder gutzumachen. Durch die Vertragsarbeit wird diese *magische Erwartungshaltung* durchkreuzt und der Patient wird angehalten, im Rahmen der Vertragsarbeit seine Passivität aufzugeben. So lernt er, bezogen auf seine inneren Konflikte, seinen Konflikt mit Hilfe des Erwachsenen-Ich 2 zu definieren, problemlösende Strategien zu entwerfen und seinen pathologischen Bezugsrahmen für neue Informationen zu öffnen.

Dadurch, daß der Borderline-Patient die Abwertung und Verleugnung und die Projektion des intrapsychischen Konfliktes in den interpersonellen Raum (verbunden mit der Spaltung als Abwehrmechanismus) benutzt, wird gerade bei der Vertragsarbeit der Widerstand des Borderline-Patienten sichtbar. Dieser Widerstand besteht darin, daß er:

1. die Denk- und Wahrnehmungsfunktionen (Erwachsenen-Ich 2) im konflikthaften Bereich suspendiert und dadurch mit Verwirrung und Denkblockaden reagiert;
2. nicht sofort bereit ist, auf die projektiven Mechanismen wie Entäußerung und projektive Identifizierung zu verzichten, da er dann die „paranoide Opferhaltung“ aufgeben und Verantwortung für sich übernehmen muß;
3. durch die Verleugnung im Gefühls- und Körperbereich erreicht, daß er die internen Stimuli, die auf ein Problem hinweisen, nicht wahrnimmt;
4. aus den obengenannten Gründen 1 – 3 sich passiv, bezogen auf die Vertragsarbeit, verhalten wird. Er erhofft sich, den Therapeuten und die Gruppe in eine Symbiose zwingen zu können, um seine pathologische Dynamik zu entfalten.

Um dies zu erreichen, kann der Patient in destruktives Verhalten in Form von Spielen 1. und 2. Grades eskalieren. Dieses destruktive Ausagieren kann folgende Formen annehmen:

Spiele 3. Grades:

- Suizidversuche
- Androhung von Suiziden
- Eskalation in Gewalttätigkeit
- Selbstschädigendes Verhalten (Schnippeln, Kopf gegen die Wand schlagen, heißes Wachs über die Haut gießen, Zigaretten auf der Hand ausdrücken, etc.)
- Zunehmender Realitätsverlust mit Auftreten von Mini-Psychosen

Eine andere Form des destruktiven Ausagierens 3. Grades besteht in der Einnahme von Suchtmitteln. Bei den meisten Borderline-Patienten liegen eine oder mehrere Suchterkrankungen vor (Polytoxikomanie). Bei den stoffgebundenen Süchten wie Alkohol-, Drogen-, Medikamentensucht und den süchtigen Eßerkrankungen (Eß-, Magersucht und Bulimie) ist die Abstinenz wie bei jeder anderen Suchttherapie auch die Voraussetzung zur Psychotherapie. Dies gilt auch für die Sex-Sucht, die wir in zunehmendem Maße bei Borderline-Patienten feststellen. Im Rahmen unseres Settings nehmen die Patienten an einer themenzentrierten Suchtgruppe teil. Zusätzlich besuchen sie die anonymen Selbsthilfegruppen wie: AA, OA, NA, SA sowohl in der Klinik als auch außerhalb der Klinik.

Spiele 2. Grades:

- Weglaufen
- Rückzug und sich isolieren
- Sexuelles Ausagieren: Zwanghaftes Onanieren und promiskuitives Verhalten
- Spiele im Rahmen des Dramendreiecks, um den symbiotischen Bezugsrahmen zu installieren, entweder durch Eingehen von kompetitiven Symbiosen oder von komplementären Symbiosen.
- Anderen schlechte Gefühle machen (shift bad feelings)
- Irritierendes Verhalten

- Zwangshandlungen
- Lügen und Stehlen etc.

Diese Liste kann beliebig fortgesetzt werden, allerdings sind die obengenannten Verhaltensweisen diejenigen, die wir am häufigsten in der Klinik antreffen.

4.2.1. Non-Verträge

Das destruktive Ausagieren, vor allen Dingen das Ausagieren in Form von Spielen 3. Grades, nennen wir **therapieboykottierendes Verhalten**. Die Voraussetzung zur Therapie ist, daß der Patient bereit ist, diese Verhaltensweisen mit Hilfe und Unterstützung des therapeutischen Settings aufzugeben. Um dieses therapieboykottierende Verhalten zu stoppen, werden sogenannte Non-Verträge abgeschlossen, z. B.: Non-Suizid-Vertrag, Non-Weglauf-Vertrag, Non-Sucht-Vertrag, Non-Psychose-Verträge. Sie haben die Aufgabe, das therapieboykottierende Verhalten zu stoppen und somit Fluchtwege abzuschneiden.

Nach KOUWENHOVEN (1985, S. 50) gibt es drei Möglichkeiten, therapieunterminierendes Verhalten festzustellen:

1. Man erarbeitet zusammen mit dem Patienten, wie er in der Regel seine guten Absichten zunichte macht und wie seine sogenannte „Trickkiste" funktioniert, mit der er sich immer wieder „aufs Kreuz" legt und sich trotz all seiner Bemühungen im Kreise dreht.
2. Eine andere Möglichkeit besteht darin, daß man das Borderline-Skript analysiert, um die Sabotagemöglichkeiten aufzuspüren.
3. Oder man erhält aus der Erhebung der Anamnese entsprechende Hinweise.

Mit den Non-Verträgen sollen die destruktiven Hintertüren geschlossen und konstruktive Vordertüren geöffnet werden. Unter Hintertüren verstehen wir die destruktiven Fluchtmöglichkeiten, die jemand benutzt, um seinen Non-Vertrag zu sabotieren (KOUWENHOVEN, 1985, S. 31).

Das Einhalten der Non-Verträge ist die Voraussetzung für den Behandlungsvertrag. Bei Nichteinhaltung der Non-Verträge ist das Arbeitsbündnis gefährdet.

4.2.2. Positive Sanktionen

Da bei einem drohenden Therapieabbruch in der Regel skriptverstärkende Erfahrungen im Sinne des Wiederholungszwangs gemacht werden, hat es sich als sinnvoll erwiesen, den Patienten dazu anzuhalten, positive Sanktionen zu erarbeiten, falls er den Non-Vertrag aus irgendwelchen Gründen nicht einhält. Diese positiven Sanktionen sollen skriptauflösend und problemlösend sein. So hat der Patient eine Möglichkeit, trotz eines „Rückfalls" die skriptbestätigende Erfahrung zu korrigieren. Zum anderen hat der Therapeut die Möglichkeit, bei einem Rückfall nicht die borderlinespezifische Gegenübertragung auszuagieren, sondern den Patienten darauf aufmerksam zu machen, daß er seine positiven Sanktionen einlösen soll. Dadurch wird in der Regel eine weitere Eskalation verhindert, und der Patient trägt die volle Verantwortung sowohl für *seinen* Rückfall, als auch für die Einlösung *seiner* von ihm erarbeiteten Sanktionen.

Nach KOUWENHOVEN (1985, S. 53) haben die positiven Sanktionen folgende Merkmale:

1. „Sie sollen eine *Erlaubnis* darstellen und nicht früheren Verboten und Geboten entsprechen. Durch eine solche Erlaubnis kann der skriptmäßige Bezugsrahmen des Patienten vergrößert werden. Es wird eine konkrete Form des Verhaltens beschrieben, damit eine Vordertür geöffnet wird.
2. Die Beziehung zwischen dem Patienten, dem Therapeuten und seiner Gruppe soll dadurch so beeinflußt werden, daß alle sich auf eine *positive Weise* bestätigt fühlen.

3. Die positive Sanktion soll eine *Antithese* zu dem entsprechenden psychologischen Spiel darstellen und soll die Fortsetzung des skriptmäßigen Verhaltens stoppen.
4. Es sollen skriptmäßige Elemente so aufgezeigt werden, daß der Patient durch die Ausführung der positiven Sanktionen eine neue *korrigierende emotionale Erfahrung* macht. Durch die Non-Verträge und die damit verbundenen positiven Sanktionen wird eine Situation geschaffen, in der der Patient, trotz seines Rückfalls in destruktives Verhalten, die therapeutische Beziehung nicht gefährdet und sein ‚freies' Kind gestützt wird" (KOUWENHOVEN, 1985, S. 53).

Im Rahmen des Spaltungsmodells unterscheiden wir therapieboykottierendes Verhalten im „guten" und „bösen" Segment.

4.2.3. Destruktives Verhalten im „bösen Segment"

Das selbstzerstörerische Verhalten im bösen Segment zeichnet sich durch Agitation und Gewaltanwendung, entweder gegen sich selber oder andere aus. Es dient dazu, in der Beziehung Distanz aufzubauen und negative Streicheleinheiten zu provozieren. Die Therapie wird durch dieses Verhalten boykottiert, und man kann sich beweisen, daß man so „böse" ist, daß eine Therapie sinnlos ist. Zeigt der Patient das therapieboykottierende Verhalten in diesem Segment, so wird er das böse Eltern-Ich auf den Therapeuten projizieren und sich von diesem bedroht fühlen (Projektive Identifizierung). Die Gegenübertragung des Therapeuten kann sich so gestalten, daß er wütend auf den Patienten wird und die Tendenz spürt, diesen schwierigen Patienten loszuwerden.

Dadurch, daß der Patient einen Non-Vertrag eingeht und seine positiven Sanktionen festgelegt hat, hat der Therapeut die Möglichkeit, statt die Gegenübertragung auszuagieren, den Patienten auf seine positiven Sanktionen und deren Einhaltung hinzuweisen. So schützen der Vertrag und die positiven Sanktionen sowohl den Patienten als auch den Therapeuten.

Die positiven Sanktionen müssen innerhalb von 24 Stunden eingelöst werden. Wenn der Patient innerhalb von 24 Stunden seine positiven Sanktionen nicht einlöst, hat er nochmals 3 Mal die Gelegenheit, in den aufeinanderfolgenden „Klingelrunden" (siehe Seite 119) die Gruppe und den Therapeuten zu motivieren, mit ihm weiterzuarbeiten. Gelingt ihm dies nicht, so wird er entlassen.

Erfolgt aus diesen Gründen ein Therapieabbruch, wird der Patient in der Regel wieder anfangen zu „klammern". D. h., das gute Segment wird aktiviert, und er wird sich nach der Entlassung erneut melden und beteuern, daß er nun alles tun wird, um die Therapiebedingungen einzuhalten. Erklärt sich der Patient nach Durchführung eines abklärenden Gespräches, in dem betont wird, daß die Einhaltung der Non-Verträge und die Einlösung der positiven Sanktionen bei Vertragsabbruch verbindlich für die Therapie sind, zu einem Arbeitsbündnis auf dieser Vertragsbasis bereit, sollte die Therapie wieder aufgenommen werden.

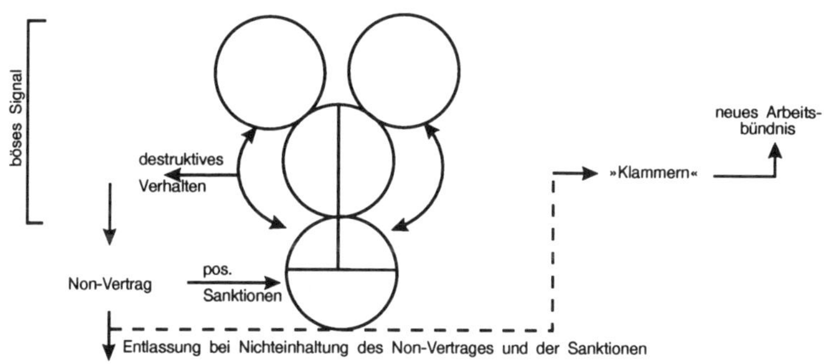

Abb. 29: Destruktives Verhalten im „bösen Segment"

Das „böse" Eltern-Ich versucht, die autonomen Bedürfnisse des Kindes mit einer „Sei-nicht-Botschaft" zu verbieten. Das freie Kind reagiert auf diese Botschaft mit Vernichtungsangst. Das angepaßte Kind paßt sich nun an diese „Sei-nicht-Botschaft" an, indem der Todeswunsch des „bösen" Eltern-Ichs nicht in Suizid oder Mordimpulsen ausgelebt wird, sondern indem „nur" selbstzerstörerisches Verhalten oder destruktives Verhalten gezeigt wird. Diese Anpassung ist kein Abwehrmechanismus, sondern ein *Erhaltensmechanismus*. Bricht diese Anpassung unter dem Diktat des „bösen" Eltern-Ichs zusammen, dann besteht die Gefahr, daß der Patient sich selbst oder andere zerstört.

Im Rahmen dieser Psychodynamik wäre eine positive Sanktion, daß der Patient Kontakt zu der Gruppe oder zu einem einzelnen aufnimmt und über seine Gefühle und Bedürfnisse spricht, und indem er Hand- und Augenkontakt aufnimmt, um so die Distanzierung, die mit dem bösen Segment verbunden ist, aufzuheben.

Für den Patienten ist die Einhaltung der positiven Sanktionen subjektiv unangenehmer als das destruktive Verhalten selbst, da diese positiven Sanktionen für ihn in seiner inneren Dynamik lebensbedrohlich sind. Durch die konsequente Konfrontation des Nichteinhaltens der positiven Sanktionen muß der Patient sich entscheiden, entweder seiner inneren Dynamik nachzugeben und damit die Therapie zu gefährden, oder die eingegangenen Verpflichtungen im Rahmen des Non-Vertrages und der damit verbundenen positiven Sanktionen einzuhalten. Durch das Einhalten dieser Verpflichtungen kann er unter Führung seines Erwachsenen-Ichs das Neue und Gesunde wagen, das Erwachsenen-Ich übernimmt nun die Führung und das böse Eltern-Ich wird entthronisiert. Zu diesem entscheidenden Schritt braucht der Patient den Schutz, die Erlaubnis und die Potenz der Gruppe und des Therapeuten.

Der Patient kann allerdings die Non-Verträge mißbrauchen, indem er sie immer wieder bricht und die positiven Sanktionen einlöst, ohne effektive Fortschritte in der Therapie zu machen. Bei einer Konfrontation mit diesem Mißbrauch wird er darauf verweisen, daß er die positiven Sanktionen einhält. Was er allerdings verleugnet, ist, daß er ein therapeutisches Arbeitsbündnis mit der Gruppe und dem Therapeuten eingegangen ist. Mit diesem Arbeitsbündnis ist er eine soziale Verpflichtung eingegangen, mit anderen an seiner Genesung zu arbeiten.

Dieser Mißbrauch wird konfrontiert, indem man dem Patienten klarmacht, daß er andere Menschen, die eine soziale Verpflichtung mit ihm eingegangen sind, um an seiner Genesung zu arbeiten, mißbraucht, ausbeutet und mißachtet. Dies ist seine Art, hilfreiche, autonomiefördernde, soziale Beziehungen zu zerstören, um erneut symbiotische Beziehungen zu installieren und seine Genesung zu boykottieren.

Therapeutische Spaltung

Dieses Vorgehen kann man auch als therapeutische Spaltung bezeichnen. Entweder hält der Patient sich an seinen Non-Vertrag und die damit verbundenen positiven Sanktionen, dann ist er „ein guter Patient"; wenn nicht, ist er „ein böser Patient" und wird entlassen. Es herrscht also eine strikte schwarz-weiß Zeichnung ohne Zwischentöne. Diese therapeutische Spaltung soll die pathologische Spaltung aufheben und es dem Patienten ermöglichen, ein gesundes, autonomieförderndes und bedürfnisbefriedigendes Verhalten zu zeigen. Das heißt, der Patient kommt in eine ähnliche Situation, die von den Anonymen Alkoholikern als „Tiefpunkt" bezeichnet wird.

Einen Tiefpunkt könnte man als *existentielle Spaltung* verstehen. Denn in diesem Moment wird die Entscheidung gefällt, trotz der inneren Dynamik das Neue zu wagen, weil der Leidensdruck so groß geworden ist, daß der Patient sich entscheiden muß, entweder seiner inneren Dynamik nachzugeben und damit sich selbst zu zerstören, oder den Weg in das Neue trotz Vernichtungsangst zu wagen, da er im Grunde nichts mehr zu verlieren hat.

4.2.4. Destruktives Verhalten im „guten Segment"

Nachdem durch die Non-Verträge und die positiven Sanktionen das destruktive Verhalten im „bösen" Segment gestoppt wurde, geht es nun darum, das destruktive Verhalten im „guten" Segment zu bearbeiten.

Gut, wie auch zuvor böse oder schlecht, heißt in diesem Fall weder gut im moralischen, ethischen noch im therapeutischen Sinne. Der Borderline-Patient erlebt sich als gut, wenn er sich total an die Forderungen des „guten Eltern-Ichs" überanpaßt. Diese Überanpassung ist eine symbiotische Anpassung. Jedes Bestreben nach Autonomie und Selbständigkeit wird von Seiten des guten Segments als Verrat erlebt. Das freie Kind paßt sich in der Form an, daß es ein braves und bequemes Kind ist. Der Preis ist allerdings die Verleugnung der eigenen Bedürfnisse und seiner Identität. Dieses Identitätsverbot von Seiten des „Eltern-Ich gut" erlebt das freie Kind als Verschlungenwerden. D. h., es empfindet die Angst, sich in dieser Symbiose aufzulösen, und die Angst vor dem Ich-Verlust wird virulent. Subjektiv erleben die Patienten in der symbiotischen Anpassung, daß sie bei Nähe und Intimität verschlungen werden, sich auflösen und ihre Identität zerbricht. Das Anpassungsmuster an die Botschaft (Verrat) ist die Verweigerung der Autonomie und das sogenannte „Scheitern am Erfolg". Bleibt das angepaßte Kind in der Symbiose zum „Eltern-Ich gut", dann wird es mit positiven Streicheleinheiten belohnt. Das destruktive Verhalten, das aus diesem Anpassungsmuster resultiert, ist das symbiotische Verhalten. Dieses Verhalten muß durch einen Non-Symbiose-Vertrag gestoppt werden, verbunden mit den entsprechenden positiven Sanktionen.

Hält der Patient den Non-Vertrag und die positiven Sanktionen nicht ein und kommt es aus diesem Grund zur Entlassung, dann wird er den Therapeuten und die Therapie abwerten, indem er das böse Segment auf den Therapeuten projiziert. Der Therapeut wird als Verfolger erlebt, und der Patient definiert sich als Opfer. Nimmt er eine weitere Therapie bei einem anderen Therapeuten in Anspruch, so wird er sich als Opfer von sadistischen und inkompetenten Therapeuten darstellen. Paßt der neue Helfer nicht auf und läßt sich in eine Helferrolle manipulieren, kann das Spiel im Rahmen des Dramendreiecks neu beginnen. Dieses Spiel nennen wir das „**Therapeutenkillersyndrom**".

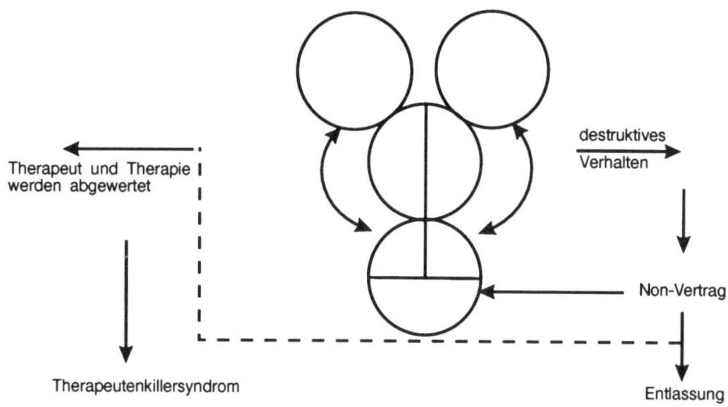

Abb. 30: Destruktives Verhalten im „guten Segment"

4.2.5. Grenze des therapeutischen Settings

Die Grenzen des therapeutischen Settings und die therapeutische Möglichkeit im Rahmen dieser Grenzen sind deswegen genau definiert, weil viele Patienten diese Grenze ausloten, indem sie immer weiter eskalieren, bis sie diese Grenze eindeutig spüren.

In der Klinik sagen wir, „er sucht die Wand". Vielleicht ist es hilfreich, sich bewußt zu machen, daß das Wort „Wandlung" von „Wand" abgeleitet ist. Genauso wie ein Zimmer sich über die Wände, die es begrenzen, architektonisch definiert, so wird auch ein sozialer Raum durch die Struktur seiner Grenzen definiert.

Eine therapeutische Beziehung eröffnet einen sozialen Raum, in dem neue Erfahrungen gemacht werden können. Aber auch dieser Raum hat seine Beschränkungen. Da Borderline-Patienten oft sehr manipulativ und ausbeuterisch sein können, ist es wichtig, diese Grenzen zu definieren. Diese Grenze schützt den Therapeuten vor möglichen Allmachtsphantasien, z. B. indem er glaubt, Patienten jedweden Schweregrades behandeln zu können, und sie hilft dem Patienten, die Grenze zu finden.

Wichtig ist, daß man die Grenzen nicht aus einer unreflektierten Gegenübertragung heraus zieht, z. B., indem man dem Patienten „zu seinem eigenen Besten" loswerden will und ihn an noch geeignetere Kollegen oder Kliniken überweisen will oder die Therapie aus reaktiver Wut abrupt abbricht, da man sich „so" ausgenutzt und erpreßt fühlt.

Psychodynamik

Psychodynamisch gesehen versucht der Patient, bei Nichteinhaltung seiner positiven Sanktionen keine Verantwortung für seine Genesung zu übernehmen; stattdessen zwingt er die Gruppe und den Therapeuten in eine dysfunktionelle Symbiose. Indem die Gruppe und der Therapeut konsequent aus der Symbiose aussteigen und der Patient auf seine Verantwortlichkeit verwiesen wird, hat der Patient innerhalb von drei Tagen die Möglichkeit, sein Verhalten zu korrigieren. Indem er die Gruppe und den Therapeuten motivieren muß, wird er in eine Situation versetzt, in der er selbst Aktivität übernehmen muß. Es wird ihm deutlich gemacht, daß er die Unterstützung (Energie) für gesundes Verhalten erhält, nicht jedoch dafür, seine Passivität aufrechtzuerhalten.

Fast ein Drittel aller Patienten gehen bis an diese Grenze. Den meisten aber gelingt es, die Gruppe und den Therapeuten noch rechtzeitig zu motivieren.

4.3. Phasen

4.3.1. Gastphase

4.3.1.1. Struktur*

Zu Beginn der Therapie befindet sich der Patient in der Gastphase. In der Gastphase entscheidet es sich, ob ein effektives therapeutisches Arbeitsbündnis zustandekommt. Entscheidend ist, ob der Patient die Non-Verträge ausarbeitet, die positiven Sanktionen festlegt und diese einhält. Während der Gastphase nimmt der Patient an der Klingelrunde und der Vertragsgruppe teil (KOUWENHOVEN, 1985).

Klingelrunde

Während der Gastphase nimmt der Patient an der täglich stattfindenden Klingelrunde teil. Der Name Klingelrunde kommt daher, daß in der Gruppe eine Klingel weitergegeben wird. Derjenige, der im Besitz der Klingel ist, läutet, er kann nun seine Mitteilung machen, und er kann konfrontiert werden. Dadurch soll gewährleistet werden, daß der Patient für eine begrenzte Zeit im Fokus der gesamten Gruppenaufmerksamkeit ist. Nachdem er die Klingel weitergereicht hat, kann er nicht mehr konfrontiert werden und ist somit während der weiteren Sitzung entlastet. Allerdings nimmt sein Nachbar ihm die Klingel nur dann ab, wenn das angesprochene Problem zufriedenstellend gelöst ist.

In der Klingelrunde wird vorwiegend das sozial unangemessene Verhalten im Hier und Jetzt konfrontiert. Dadurch werden

---

* Die Struktur der Therapie (Gastphase, Klingelrunde, Vertragsgruppe und Konfrontationsvertrag) wurde von KOUWENHOVEN (1985) entwickelt.

dem Patienten Spiele und destruktive Verhaltensweisen bewußt gemacht. Psychodynamisch wird erreicht, daß die Entäußerung gestoppt wird und der Patient angehalten wird, sich seines sozialen Ausagierens bewußt zu werden.

Vertragsgruppe

Neben der Klingelrunde nimmt der Patient während der Gastphase an der Vertragsgruppe teil. Dort werden die Verträge erstellt und ausgewertet. Hier hat der Patient die Möglichkeit, sich Informationen über Verträge einzuholen und nachzufragen, wenn er etwas nicht verstanden hat. Die Vertragsgruppe wird von einem Therapeuten geleitet, der entsprechende Unterstützung und Erlaubnis gibt, damit der Patient einen effektiven Vertrag erstellen kann. Pseudo-Verträge oder positive Sanktionen, die nicht das freie Kind unterstützen und damit das alte Skript fördern, werden konfrontiert und korrigiert.

Konfrontationsvertrag

Hat der Patient die Non-Verträge erstellt und geht er damit verantwortlich um, kann er den Konfrontationsvertrag abschließen. Durch den Konfrontationsvertrag hat er die Möglichkeit, andere Gruppenmitglieder zu konfrontieren. Im Konfrontationsvertrag verpflichtet sich der Patient, daß er:

- **sich so verhält, daß er konfrontierbar ist.**
- **adäquat auf Konfrontationen reagiert.**
- **andere aus einer sorgenden Haltung heraus konfrontiert.**

Bei einer sorgenden Konfrontation sind folgende Elemente zu beachten:

1. **Sag, was Du siehst** (Beobachtung).
2. **Frag nach den Gründen** (Information).
3. **Teile mit, wie Du Dich dabei fühlst und was Du davon hältst** (Meinung).
4. **Teile mit, wie der zu konfrontierende Mitpatient sich und andere durch dieses Verhalten schädigt** (Konsequenz).

5. **Sag, was Du problemlösend finden würdest und wie man das zu konfrontierende Verhalten so verändern kann, daß sich der Patient und die anderen wohlfühlen** (Beziehung) (KOUWENHOVEN, 1985).

Die sorgende Konfrontation soll spielfrei sein und unter der Regie des Erwachsenen-Ich stehen. Damit wird vermieden, daß Spiele gespielt werden und die Patienten im Rahmen der Spaltung eskalieren. Psychodynamisch gesehen hat die sorgende Konfrontation die Aufgabe, die Spaltung aufzuheben, indem:

a) **Kritik** *und* **Sorge** bei einem Verhalten, das nicht autonomiefördernd ist, geäußert wird,

b) der Patient erlebt, daß derjenige, der ihn konfrontiert, außerhalb von ihm existiert und eigene Gefühle und Meinungen hat (Separierung und Differenzierung),

c) Probleme so gelöst werden können, daß man unterschiedlich von anderen Menschen handelt und denkt und trotzdem die Beziehung erhalten bleibt, ohne sich überanzupassen.

Der Patient wird auf die Beziehungskonsequenzen, die sein Verhalten zur Folge hat, aufmerksam gemacht. Dies ist eine *Konfrontation auf der Beziehungsebene.* Viele Borderline-Patienten haben die narzißtische Position, „der Mittelpunkt der Welt" zu sein, noch nicht aufgegeben. Sie antizipieren nicht, daß andere Menschen Gefühle haben und genauso verletzlich sind wie sie. Sie nehmen sich das Recht heraus, über andere ohne Schuldgefühle zu verfügen. Am Ende der Konsolidierungsphase mußte das Kind lernen, mit anderen zusammenzuarbeiten und die Welt zu teilen. Dazu muß es lernen, Bedürfnisse und Gefühle anderer Menschen zu berücksichtigen und die Konsequenzen seiner Handlung im Bezug auf andere Menschen einzuschätzen.

Die sorgende Konfrontation hat die Aufgabe, die **externen Aspekte** der Spaltung zu konfrontieren. Die Konfrontation auf der Beziehungsebene hat die Aufgabe, den **Beziehungsaspekt**, die Konsequenzen der Handlungen bezogen auf die Beziehung zu anderen Menschen zu konfrontieren. Bei der Konfrontation auf der Beziehungsebene wird der Patient damit konfrontiert, welche Gefühle sein Verhalten bei anderen erweckt und wie sich dieses Verhalten auf die Beziehung auswirkt.

Hält der Patient z. B. seinen Vertrag, den er mit der Gruppe abgeschlossen hat, nicht ein, dann wird er damit auf der Beziehungsebene folgendermaßen konfrontiert: „Du hast mit uns eine Abmachung getroffen, die Du nicht einhältst. Wir fühlen uns von Dir verschaukelt".

Beispiel:

Eine Patientin hat am Wochenende während der Freizeit ihre Therapeutin angerufen, ob sie am Sonntag einen Ausflug machen dürfe. In der Regel werden Wochenendausflüge am Ende der Woche in der Therapiezeit besprochen. Die Patientin hat dies vergessen und wollte sich die Erlaubnis jetzt einholen. Sie wurde von der Therapeutin folgendermaßen konfrontiert: „Ich bin ärgerlich, daß Du meine Grenzen nicht achtest, mich einfach in meiner Freizeit anrufst wegen einer Angelegenheit, die Du während der Woche hättest regeln können. Aus diesem Grund bekommst Du von mir keine Erlaubnis zu dem Ausflug, da Du Dich mit den Konsequenzen Deines Verhaltens auseinandersetzen sollst. Am Montag werden wir in der Gruppe darüber sprechen."

4.3.1.2. Psychodynamik der Gastphase

Das stationäre Setting stellt eine externale Eltern-Ich-Struktur dar. Dabei stellt das fürsorgliche Eltern-Ich im positiven Aspekt Schutz, Erlaubnis und Struktur zur Verfügung. Gleichzeitig wird aus dem kritischen Eltern-Ich im positiven Aspekt konsequent selbstschädigendes sowie fremdschädigendes Verhalten gestoppt und sozial unangemessenes Verhalten konfrontiert.

Durch die Erstellung der Verträge und durch die damit verbundenen Informationen wird das Erwachsenen-Ich des Patienten gestärkt. Zusätzlich bekommt der Patient das in unserer Klinik erarbeitete Informationsmaterial über seine Störung zu lesen, damit er alle Informationen über seine Krankheit zur Verfügung hat.

In der Gastphase wird vorwiegend auf der sozialen Ebene gearbeitet. Der Patient wird mit seinem selbstschädigenden und sozial schädigenden Verhalten konfrontiert. Gleichzeitig wird das freie Kind einerseits durch den Non-Vertrag gestützt, andererseits bekommt es zusätzliche Unterstützung durch die Hoffnung und den Glauben des Settings, daß Heilung oder zumindest Besserung möglich ist („Wir glauben, Du schaffst es"). Das Erwachsenen-Ich wird durch die Konfrontationen, Informationen und durch die Erstellung der Verträge angesprochen.

Der Patient geht, anders ausgedrückt, mit dem stationären Setting eine funktionale Symbiose ein, die folgendermaßen aussieht:

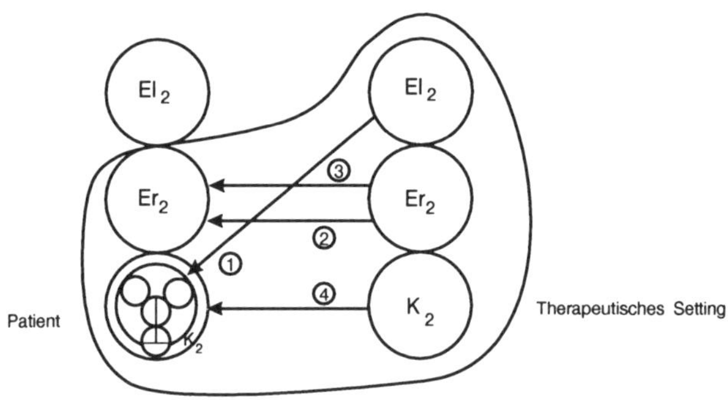

Abb. 31: Funktionale Symbiose zwischen Patient und stationärem Setting. Konfrontation und Interpretation (1 + 2) der sozialen Aspekte der Spaltung, deren Hilfsmechanismen und der soziale Aspekt, die den pathologischen Bezugsrahmen aufrechterhalten. Information (3) über das Krankheitsbild. (4) Hoffnung, daß Heilung bzw. Besserung möglich ist.

Fallbeispiel:

Patientin Susanna, 21 Jahre alt:
Die Patientin ist die jüngste von drei Geschwistern. Die Mutter wird als „unheimlich lieb" bezeichnet. Sie würde sehr viel weinen, könne aber ihren Ärger nicht ausdrücken. Der Vater wird als Perfektionist bezeichnet. Zuhause habe sie sich immer unwohl gefühlt. Das Prinzip Leistung sei oberste Maxime in der Familie gewesen. Mit 6 Jahren habe sie ihren ersten Suizidversuch unternommen. Sie versuchte, sich mit einer gehäkelten Schnur im Treppenhaus zu erhängen. Ab dem 13. Lebensjahr habe sie mehrmals versucht, sich mit Tabletten umzubringen. Zuhause sei darüber nie gesprochen worden. Ihre Mutter habe deswegen viel geweint. Für die Patientin war es so, als weine ein Teil von ihr selbst, sie habe viele Schuldgefühle gehabt. Oft habe sie gedacht, die anderen zu vergiften oder am Tod des Opa schuld zu sein. Ab dem 13./14. Lebensjahr habe sie Haschisch zu sich genommen. Irgendwann hätten sich Denkstörungen und Horrorvisionen eingestellt, daraufhin habe sie Drogen gemieden. Seit ihrem 18. Lebensjahr leidet sie an einer Bulimie. Die Bulimie ist aufgetreten, als sie eine Beziehung zu einem Mann einging. Während der Beziehung habe sie nur gekotzt, ohne zu fressen. Nach der Beziehung hatte sie bis zu zehn Freß-Kotz-Anfälle am Tag. Um ihre Sucht zu finanzieren, habe sie Schulden gemacht, Essen geklaut, Leute auf der Straße nach Geld angebettelt oder Essen aus der Mülltonne gefischt.

Sie schildert, daß sie immer wieder in Stimmungen und Zustände von panischer Angst kommt. Um dieser Angst zu entgehen, habe sie begonnen, sich selbst Schmerzen zuzufügen, um sich wenigstens in ihrem Schmerz noch zu spüren. Sie übergießt sich mit heißem Wachs, schneidet, beißt oder kratzt sich. In der Situation selbst habe sie den Schmerz nicht empfunden, erst am Tag danach. Sich zu verletzen betrachte sie als Selbstbestrafung, Hungern und Kotzen dagegen als „Säuberung". Während ihrer Panikzustände habe sie Visionen von Geistern, Dämonen und andere Horrorvorstellungen. Oft könne sie diese Vision von der Realität nicht trennen. Zusätzlich habe sie panische Angst vor Spinnen.

Nach der Aufnahme nahm die Patientin zunächst vier Wochen an unserem normalen Therapieprogramm teil. Sie eskaliert in dieser Zeit innerlich immer mehr in Form von Verfolgungsphantasien und Vernichtungsängsten, begleitet von fast täglichen Selbstverletzungen. Bei einem Militärmanöver, das in der Umgebung stattfand, versteckte sie sich unter dem Schreibtisch. Sie hatte die Phantasie, die Soldaten seien gekommen, sie zu vergewaltigen und umzubringen.

Diese Entwicklung war sehr gut im Rahmen einer Borderline-Störung zu verstehen, so daß wir nach Absprache mit der Patientin ihre Therapie in der Borderline-Gruppe fortsetzten.

Am Anfang der Therapie befand sich die obengenannte Patientin in der Gastphase. In der Gastphase wird der **Gastvertrag** *erstellt. In der Gastphase werden die Non-Verträge und die dazugehörigen positiven Sanktionen erarbeitet. Ein Gastvertrag lautet folgendermaßen:*

1. *Ich bin die ersten ... Wochen zu Gast in der Borderline-Gruppe und werde mich als Gast verhalten.*

2. *Ich werde mich an Abmachungen halten:*
   - *Verträge, die ich gemacht habe.*
   - *Hausregeln und andere Abmachungen, die ich vereinbare.*

3. *Non-Verträge:*

   ____

   ____

   ____

   ____

4. *Ich bin konfrontierbar mit den Abmachungen, Verträgen und Hausregeln; bei Nichtnachkommen regle ich die abgesprochene therapeutische Sanktion oder beende meine Therapie in der Borderline-Gruppe bzw. der Klinik.*

5. *Nach ... Wochen entschließe ich mich, ob ich zur weiteren Therapie in der Borderline-Gruppe bleibe oder nicht. Im letzteren Fall entscheidet der Therapeut bzw. das Team, ob die Therapie in einer anderen Therapiegruppe fortgesetzt werden kann oder nicht.*

6. *Wenn ich mich entschließe, in der Borderline-Gruppe zu bleiben, frage ich um die Zustimmung der Klingelrunde und des Therapeuten. Wenn jeder einverstanden ist, werde ich den allgemeinen* ***Konfrontationsvertrag*** *eingehen.*

Bei unserer obengenannten Patientin ging es in der Gastphase darum, vorwiegend die Spiele 3. Grades zu stoppen. Suizidversuche, Selbstzerstörung und die Bulimie waren die vorrangigen Probleme, die angegangen werden mußten.

Bezüglich der Bulimie schloß die Patientin im Rahmen unseres Suchtprogrammes einen sogenannten „Abstinenzvertrag" ab, indem sie sich zur Abstinenz verpflichtete und sich die entsprechende Unterstützung holte, um die Abstinenz einzuhalten, und regelmäßig die Selbsthilfegruppe der **Overeaters Anonymous** (OA) besucht. Die Unterstützung bestand darin, daß sie von einer Mitpatientin, die ebenfalls an einer Bulimie erkrankt ist, gesponsort wurde. Die **Abstinenz** wird in unserer Klinik folgendermaßen definiert: Drei Mahlzeiten am Tag, wobei der Sponsor auf eine vernünftige Speisenzusammenstellung achtet und die Patientin entsprechend konfrontiert, wenn sie dies nicht einhält. Falls die Patientin einen Kotz-Rückfall haben sollte und dies nicht von selber in der Suchtgruppe anspricht, so ist es die Aufgabe des Sponsors, sie damit zu konfrontieren.

Die beiden anderen Symptome wie Suizidversuche und Selbstzerstörung wurden durch einen Non-Suizidvertrag und einen Non-Selbstverletzungsvertrag bearbeitet. Obengenannte Patientin hat folgenden **Non-Suizidvertrag** erstellt:

Ich werde mir während meiner Therapie und auch über die Zeit hinaus nicht das Leben nehmen oder es versuchen, weder mit Absicht noch per Unglück. Das gilt sieben Tage pro Woche und 24 Stunden am Tag.

Ich mache mir Suizidgedanken, wenn ich:

- *mein Bedürfnis nach Ruhe und Alleinsein, aber auch nach Nähe und Zuwendung nicht beachte.*
- *mich stark überfordere.*

– unter Druck bin.
– mich als Frau spüre.
– Phantasien über eine gesunde Partnerschaft zulasse.

Dem geht voraus, daß ich:

– mich nicht ausreichend abgrenze.
– Verpflichtungen aus dem Weg gehe, bis sie mir nicht mehr bewältigbar erscheinen.
– aus dem kranken Bezugsrahmen aussteige und etwas Neues und Gesundes ausprobiere. Das trifft besonders bei den Themen Sexualität, Männer und Frausein zu. Wenn ich nicht länger glaube, daß das etwas Dreckiges und Böses ist und entgegen den internen Verboten handle, kommen die vernichtenden Botschaften vom bösen Eltern-Ich besonders stark. Ich mache mir dann die Phantasie, eine Hure zu sein, und deshalb keine Existenzberechtigung zu haben.
– den Kontakt zu meinem Körper abbreche.
– mir die Phantasie mache, nicht dazugehören zu dürfen.

Das ist daran zu erkennen, daß ich:

– mit den Zähnen knirsche.
– mich verstärkt verletze.
– mich zurückziehe.
– oder im Kontakt viel rede, unkonzentriert bin und hektisch aussehe.

Mit diesem Verhalten vermeide ich:

– mein Leben eigenverantwortlich und autonom zu gestalten.
– mich als Frau zu akzeptieren und wohl zu fühlen.
– eine gesunde Partnerschaft zu leben.
– Spaß und Freude am Leben, an mir und meinen Mitmenschen.

Um diesem destruktiven Verhalten vorzubeugen:
– erstelle ich mir, wenn nötig, für den kommenden Tag einen Tagesplan.
– sorge ich aktiv für mein Wohlbefinden, indem ich Verabredungen treffe, die mir guttun, male usw.

- *überprüfe ich, wenn möglich, durch Nachfragen die Realität, wenn ich mir die Phantasie mache, bedroht, abgelehnt oder nicht existenzberechtigt zu sein.*
- *halte ich die Aktionen meines Non-Selbstverletzungsvertrages ein.*
- *spreche ich bei Suizidphantasien jemanden von der Gruppe an, teile mich mit. Ich werde Hand-Augen-Kontakt machen, halte den Kontakt mindestens so lange, bis die Suizidphantasien vorbei sind und ich wieder in der Realität bin.*

Der Vertrag ist gebrochen, wenn ich die Abstinenz nicht einhalte und mir bei Suizidphantasien nicht ausreichend Unterstützung hole. Wenn ich den Vertrag gebrochen habe:
- *teile ich es in der Gruppe mit.*
- *außerdem spreche ich bei Hand-Augen-Kontakt mit einem vertrauten Menschen, wie es zu dem Vertragsbruch kam.*
- *hole ich das Versäumte nach.*

Innerhalb von 24 Stunden löse ich folgende ***positive Sanktionen*** *ein:*
- *Ich kuschele mit einem vertrauten Menschen.*
- *Oder ich gehe in Begleitung schwimmen oder in die Sauna.*

Non-Selbstverletzungs-Vertrag:

Ich werde für die Dauer meiner Therapie und auch über die Zeit hinaus, auch während meines Urlaubes, auf jede Form der Selbstverletzung verzichten. Dies gilt sieben Tage pro Woche und 24 Stunden am Tag.

Ich verletzte mich selbst durch Beißen, Kratzen, Kneifen, Boxen, Schlagen, Schnippeln, Verbrennen, Quetschen der Haut, Nagelbeißen, mit dem Kopf gegen die Wand schlagen, Stechen mit Nadeln. Der Vertrag beinhaltet aber auch jede andere Form von Selbstverletzung, die ich hier nicht aufgeführt habe.

Ich verletze mich, wenn ich:
- *mir die Phantasie mache, dick und häßlich zu sein.*
- *Wut und Ärger verdränge.*
- *mich lebendig und dazugehörig fühle.*

– autonom war und/ oder mir etwas gut gelungen ist.
– angespannt bin.
– aufgeregt bin.
– Angst habe.
– mich langweile.
– spüren will, ob ich überhaupt existiere.

Dem geht zuvor voraus, daß ich:

– mich abwerte und mir die Phantasie mache, böse und nicht existenzberechtigt zu sein.
– mir die Phantasie mache, Wut und Ärger auf andere seien schlecht und unangemessen. Dann richte ich die Wut gegen mich.
– aus meinem kranken Bezugsrahmen aussteige, indem ich z. B. Bedürfnisse aus dem freien Kind befriedige oder autonom handle. Danach kommen die destruktiven Botschaften aus dem bösen Eltern-Ich besonders heftig.
– meine Bedürfnisse nach Schutz und Geborgenheit mißachte. Ich werte diese Bedürfnisse ab und bestrafe mich dafür, daß ich sie überhaupt spüre.
– mir keine Ruhe erlaube und aus Ruhe Langeweile mache.
– Verpflichtungen aus dem Weg gehe und ich mich deshalb unter Druck setze.
– mir zu spät oder keine Unterstützung hole, wenn ich aufgeregt bin oder Angst habe.
– mich einsam fühle oder einsam mache.
– den Kontakt zu mir abbreche. Ich spüre mich erst dann wieder, wenn ich mich verletze.

Das ist daran zu erkennen, daß ich:

– mit den Zähnen knirsche oder klappere.
– abwertend über mich oder mit mir rede.
– unkonzentriert bin.
– ruhelos bin und ziellos umherlaufe oder mich aber in Aktivitäten stürze.

Mit diesem Verhalten vermeide ich:

- *meine Wut und meinen Ärger zu spüren und angemessen und direkt auszudrücken.*
- *Bedürfnisse nach Nähe, Schutz, Unterstützung zu spüren und zu befriedigen.*
- *erwachsen mit Schwierigkeiten umzugehen und mir konstruktive Lösungsmöglichkeiten zu überlegen und Schwierigkeiten zu lösen.*
- *autonom zu sein.*
- *gesund und erwachsen in Beziehung zu treten.*
- *Spaß und Freude sowohl mit mir als auch mit anderen Menschen zu haben.*
- *im Kontakt mit mir selbst zu sein.*

Um meinen destruktiven Verhaltensweisen vorzubeugen:

- *führe ich täglich ein Wutbuch mit dem Ziel, Wut und Ärger im direkten Kontakt und angemessen auszudrücken.*
- *lasse ich mir schriftlich die Erlaubnis geben, daß ich mit Wut o. k. bin und Ärger angemessen äußern darf.*
- *spreche ich Ärger, Bedürfnisse und Erwartungen, aber auch Freude klar aus.*
- *lasse ich mir schriftlich die Erlaubnis geben, daß ich autonom und gesund sein darf. Ich darf gleichberechtigte Beziehungen haben und brauche mich bei Begegnungen nicht über krankes Verhalten oder übertriebenes Reden über meine Störung einbringen. Bei destruktiven Eltern-Botschaften lese ich diese Erlaubnis.*
- *sorge ich für ausreichenden Schlaf (mindestens 6-7 Stunden pro Nacht).*
- *sorge ich für ausreichende Bewegung (mindestens einmal täglich Joggen, Schwimmen, Radfahren oder einen längeren Spaziergang).*
- *schneide ich mir täglich die Nägel kurz.*
- *bei Verletzungsdruck lasse ich mir die Erlaubnis geben, daß ich mich nicht verletzen muß. Wenn ich um Erlaubnis bitte, sage ich schlicht und klar, wie ich mir diese Erlaubnis wünsche.*

- *sorge ich mindestens einmal täglich für einen angenehmen Kontakt. Bei diesem Kontakt teile ich mich mit und halte möglichst auch Körperkontakt.*
- *Bei Eßdruck fülle ich den Eßrückfallbogen aus und bearbeite meinen Suchtdruck in der Suchtgruppe.*

Der Vertrag ist gebrochen, wenn ich mich verletze, meine Süchte auslebe oder die Aktionen nicht einhalte. Wenn ich den Vertrag breche:
- *teile ich es der Gruppe mit.*
- *löse ich innerhalb von 24 Stunden folgende positive Sanktionen ein.*
- *mache ich mir eine Gesichtsmaske oder laß sie mir machen.*
- *halte ich Körperkontakt zu einem lieben Menschen und lasse mich dabei eventuell massieren oder streicheln.*

Durch diese Non-Verträge soll erreicht werden, daß der Patient mit Hilfe seines Erwachsenen-Ichs genau über seine destruktiven Verhaltensweisen nachdenkt und sie im Zusammenhang mit seinen nicht erfüllten Bedürfnissen sieht. In der Regel werden alle Bedürfnisse, die sich um die Polarität: Autonomie – Bindung gruppieren, verleugnet, da sie den spezifischen Borderline-Konflikt aktivieren.

Zum anderen werden Handlungsstrategien erarbeitet, wie man diesen destruktiven Verhaltensweisen vorbeugen kann und was durch dieses Verhalten vermieden wird und wie die anderen Gruppenteilnehmer das kranke Verhalten erkennen können, damit es konfrontiert werden kann. Durch das Einlösen der positiven Sanktionen hat man die Möglichkeit, aus Fehlern und Rückschlagen zu lernen.

Hat der Patient die Non-Verträge erstellt und geht im oben geschilderten Sinne damit verantwortlich um, hat er die Möglichkeit, einen weiteren Vertrag in der Gastphase zu erstellen, nämlich den Konfrontationsvertrag.

4.3.2. Borderline-Gruppe

4.3.2.1. Aufnahme in die Borderline-Gruppe*

Nach Erstellen der Problemliste wird sowohl der Non-Vertrag als auch der allgemeine Konfrontationsvertrag verlesen. Anschließend erklärt jedes Gruppenmitglied rituell, ob es bereit ist, mit dem Gast an seiner Genesung zu arbeiten, d. h. Energie in ihn zu investieren. Nach nun erfolgter Aufnahme in die Borderline-Gruppe kann der Patient auch an der Kerngruppe und an der TA-Gruppe teilnehmen.

Kerngruppe

Die Kerngruppe ist in der Regel eine offene Gruppe, an der die Teilnahme keine Pflicht ist. Nur diejenigen Patienten, die aktuell an einem Problem arbeiten wollen, nehmen an dieser Gruppe teil.

4.3.2.2. TA-Gruppe

In der TA-Gruppe wird als erstes ein therapeutischer Vertrag erarbeitet. Dies kann etliche Zeit in Anspruch nehmen, da eine sorgfältige Problemanalyse, Zieldefinition und die Auswahl der Aktionen entscheidend wichtig sind. Ist dieser Vertrag erstellt und sind der Therapeut und die Gruppe bereit, den Patienten in der Erfüllung seines Vertrages zu unterstützen, wird der Vertrag vom Patienten unterschrieben, und stellvertretend für die gesamte Gruppe vom Therapeuten gegengezeichnet, und das Auswertungsdatum wird festgelegt. Der Patient bekommt bei der Unterzeichnung des Vertrages die sogenannten drei P's, das bedeutet:

Potency
Permission
Protection

---

* Die Struktur: Aufnahme in die Borderline-Gruppe, TA-Gruppe und Kerngruppe ist von KOUWENHOVEN (1985, S. 33-40) entwickelt worden.

Diese drei P's symbolisieren, daß die Gruppe und der Therapeut dem Patienten ihre Kraft und Potenz (Potency), ihre Erlaubnis (Permission) und ihren Schutz (Protection) zusichern, damit der Patient seine Probleme effektiv und erfolgreich lösen kann. Durch diese drei P's hat der Therapeut die Möglichkeit, die Gruppe zu konfrontieren, wenn sie sich bezogen auf den Patienten passiv verhält, oder die Gruppe kann den Therapeuten konfrontieren, wenn er sich passiv verhält.

Das Auswertungsdatum legt den Zeitpunkt fest, an dem der Vertrag als Ganzes überprüft wird, ob das Problem noch zutrifft, die Ziele noch adäquat sind und die Aktionen hilfreich waren. Ist der erste therapeutische Vertrag erstellt, kann in der TA-Gruppe auch an jedem persönlichen Thema oder Problem gearbeitet werden.

4.3.2.3. Arbeit auf der psychologischen Ebene

Nach der Aufnahme in die Borderline-Gruppe wird sowohl auf der sozialen als auch auf der psychologischen Ebene therapeutisch gearbeitet.

Bei einem zu bearbeitenden Problem wird der Patient sich zuerst seine externen Mechanismen auf der sozialen Ebene bewußt machen, um dann die internen Mechanismen auf der psychologischen Ebene zu bearbeiten.

Der Schwerpunkt liegt allerdings zunehmend mehr auf der psychologischen Ebene. Dies bedeutet, daß nun die borderline-spezifischen Abwehrmechanismen konfrontiert und interpretiert werden.

Die Spaltung und deren Hilfsmechanismen, die Verleugnung und Abwertung werden angesprochen, erklärt und danach konfrontiert. Das Ziel dabei ist, daß der Patient zunehmend ein funktionsfähiges Erwachsenen-Ich entwickelt und mehr und mehr in die Lage versetzt wird, seine interne Dynamik zu durchschauen, zu reflektieren und sich davon zu distanzieren. Dabei gilt die Regel, daß zuerst auf der sozialen Ebene konfrontiert wird und als zweiter Schritt die sogenannte Enttrübungsarbeit auf der psychologischen Ebene durchgeführt wird.

Enttrübungsarbeit

Bei der Enttrübungsarbeit geht es zunächst darum, die funktionelle und strukturelle Kompensation des primär-adaptiven Systems zu bearbeiten. Wie zuvor (auf Seite 84) beschrieben wurde, besteht die strukturelle Kompensation neben dem Eltern-Ich- und Erwachsenen-Ich-Ausschluß in dem Ausschluß des Kind-Ichs.

Bei der funktionellen Kompensation funktioniert der Patient bezogen auf äußere Probleme aus einer überangepaßten Position heraus, indem er sein Eltern-Ich 2 und Erwachsenen-Ich 2 benutzt, aber sein Kind-Ich abspaltet. Viele Patienten sind häufig gut sozial integriert, aber unter der gut funktionierenden sozialen Maske leiden sie intern unter innerer Leere und Sinnlosigkeit. Diese Überanpassung ist zu konfrontieren, und dem Patienten muß gezeigt werden, wie seine strukturelle und funktionelle Kompensation funktioniert.

Erst wenn dieser Schritt vollzogen und der Patient bereit ist, sich seiner pathologischen Dynamik in seinem Kind-Ich 2 zu stellen, beginnt der zweite Schritt der Enttrübungsarbeit.

Zwischen der Borderline-Persönlichkeitsstörung und der schizotypischen Persönlichkeitsstörung gibt es fließende Übergänge. Entsprechend dem Schwerpunkt ist die Enttrübungsarbeit verschieden zu gestalten.

Enttrübungsarbeit bei der schizotypischen Persönlichkeitsstörung

Bei der schizotypischen Persönlichkeitsstörung sind die Selbst- und Objektrepräsentanzen nur unscharf voneinander differenziert. Das bedeutet, daß der Patient Schwierigkeiten hat, zwischen innerer und äußerer Realität zu unterscheiden. Durch projektive Mechanismen wird der interne Konflikt auf die Außenwelt projiziert. Diese wird dadurch verzerrt wahrgenommen. Von der Außenwelt erlebt sich der Patient niemals klar geschieden, sondern fühlt sich mit ihr magisch verflochten. Vorrangiges Thema der Therapie ist deshalb die Entzerrung der Vorstellung des Patienten von sich selbst und den Objekten, wobei allmählich reale Personen an die Stelle der durch die Projektion geschaffenen Phantome treten. Im Verlauf dieses Prozesses muß der Patient akzeptieren, daß er von seinen Objekten getrennt ist, die als von ihm unabhängige, eigenständige Motivationszentren existieren. Um dieses Ziel zu erreichen, muß der Therapeut den Patienten die Wirklichkeit erklären, während er sich gleichzeitig selbst als reale Person zur Verfügung stellt.

„Die prototypische Intervention wäre: ‚Wie ist das wirklich.' Oder: ‚Ich habe nun verstanden, wie Sie diese oder jene Situation erleben. Vielleicht ist es wichtig für Sie zu hören, wie ein anderer diese Dinge sieht. Ich selbst erlebe im Augenblick ...' Die ständige Konfrontation mit einem realen Objekt in einer Therapie, in welcher projektive Übertragungs-Verzerrungen vom Therapeuten aktiv erfragt und dann sofort korrigiert werden, verhilft dem Patienten, zusammen mit einem besseren Verständnis seines übrigen sozialen Umfelds, allmählich zu einer Revision seiner projektiven Verarbeitungen" (ROHDE-DACHSER, 1986, S. 141). Der Fokus der Therapie liegt im wesentlichen darin, daß zwischen Innenwelt und Außenwelt unterschieden wird, und daß der Patient lernt, seine Phantasien und projektiven Vorstellungen an der Realität zu korrigieren. Wenn diese Enttrübungsarbeit stattgefunden hat, geht es darum, die Spaltungsmechanismen zu konfrontieren.

Enttrübungsarbeit bei der Borderline-Persönlichkeitsstörung

Bei der Borderline-Persönlichkeitsstörung hat eine Differenzierung zwischen den Selbst- und Objektrepräsentanzen stattgefunden. Der Patient ist in der Lage, zwischen sich und anderen zu unterscheiden. Aber nach wie vor besteht die Spaltung der Selbst- und Objektrepräsentanzen. Deshalb liegt der Fokus der Therapie bei der Borderline-Persönlichkeitsstörung darin, daß man den Patienten nachdrücklich mit den Widersprüchen in seinem Verhalten und seiner emotionalen Erlebnisverarbeitung

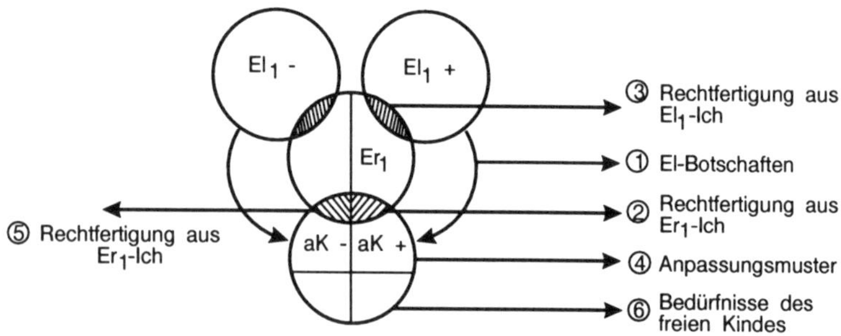

Abb. 32: Schritte der Enttrübungsarbeit

konfrontiert. Der Schwerpunkt der Enttrübungsarbeit liegt im Aufzeigen der Spaltung, damit der Patient lernt, nicht nur Extreme, sondern auch die Zwischentöne wahrzunehmen.

Allerdings gibt es bei der Borderline-Persönlichkeitsstörung auch Bereiche, bei denen eine Eintrübung ähnlich wie bei der schizotypischen Persönlichkeitsstörung vorliegt. Deswegen gelten folgende Richtlinien für beide Persönlichkeitsstörungen: Die Enttrübungsarbeit beginnt damit, daß man sich jeweils die Eltern-Botschaft aus dem guten und dem bösen Segment verdeutlicht (1). Dann schreibt man die Rechtfertigungen aus dem Erwachsenen-Ich (2) auf, die bestätigen, daß die Botschaften aus dem Eltern-Ich sinnvoll sind (3). Nun werden die Anpassungsmuster des Kindes an diese Botschaften formuliert (4). Im nächsten Schritt werden die Rechtfertigungen des Erwachsenen-Ichs, daß diese Anpassungen sinnvoll sind, festgelegt (5). Zum Schluß werden die abgespaltenen Bedürfnisse des freien Kindes aufgezählt (6).

Enttrübungsarbeit bei der Minipsychose

Sind die Rechtfertigungen für die Botschaften aus dem Eltern-Ich und für die Anpassungsmuster im Kind-Ich identisch, dann besteht die Gefahr einer Minipsychose. Der Patient hat innerlich keine Option offen, auf eine alternative Art und Weise mit diesen Botschaften umzugehen, da sie in seinen Bezugsrahmen integriert sind und ein Teil seiner Realität darstellen. Jeder Korrekturversuch von außen wird systematisch redefiniert.

Die Enttrübungsarbeit muß in beiden Segmenten durchgeführt werden. Der Patient braucht viel Erlaubnis und Schutz, diese Problematik durchzuarbeiten, vor allen Dingen, wenn die Trübung soweit geht, daß eine Minipsychose auftritt. Andererseits ist das Auftreten einer Minipsychose auch ein Anzeichen dafür, daß man den zentralen Konflikt berührt hat.

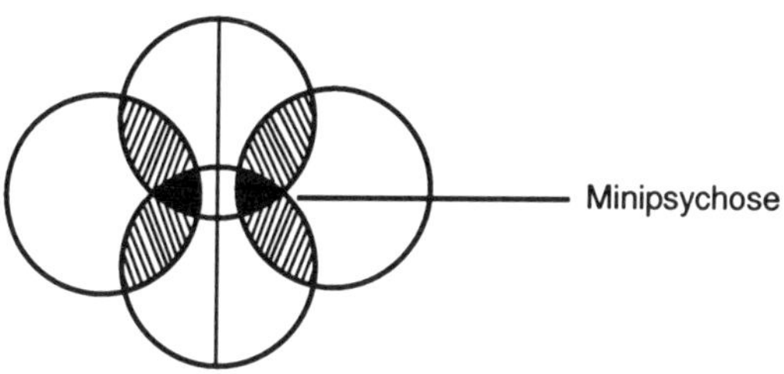

Abb. 33: Enttrübungsarbeit bei der Minipsychose

Krisenintervention bei psychotischen Zuständen

Treten während des therapeutischen Prozesses Minipsychosen und Verwirrtheitszustände auf, bei denen eine schnelle Distanzierung nicht gelingt, kann der Patient für 24 Stunden in das sogenannte Intensivzimmer verlegt werden. Dort ist durch die Schwestern eine Rundumbetreuung gewährleistet. Mit Hilfe des

Therapeuten muß er nach Ablauf dieser Zeit sich soweit geklärt haben, daß er die Probleme benennen kann, die zur Minipsychose geführt haben.

Ist der Patient dazu nicht in der Lage, und der psychotische Zustand hält weiter an, wird er auf die geschlossene Abteilung der für uns zuständigen Psychiatrie verlegt. Klingt dort der psychotische Zustand ab, kann er wieder zu uns zurückverlegt werden.

Durch diese Grenzsetzung haben wir die Erfahrung gemacht, daß wir kaum noch Patienten in die Psychiatrie verlegen mußten. Offensichtlich beugt diese Grenzsetzung, zumindest bei Borderline-Patienten, einer weiteren pathologischen Regression vor.

4.3.2.4. Fallbeipiel

Die Patientin ist 32 Jahre alt. Sie habe, solange sie denken könne, Angst vor Menschen gehabt. Die Eltern hatten als Kleinkind sehr viele Probleme mit ihr, da sie sehr viel geschrien habe.

Die Mutter ist depressiv und häufig körperlich krank und sei mit der Erziehung von ihr und ihrem 4 Jahre älteren Bruder überfordert gewesen. Sie sei sehr überfürsorglich gewesen und habe keine Grenzen gesetzt. Ihr Bruder wurde von der Mutter bevorzugt behandelt. Die Mutter respektierte keine Grenzen, sie habe sie ausgefragt und später ihre Tagebücher gelesen. Es habe keinen Körperkontakt gegeben und sie habe auch niemals mit ihr gespielt.

Später habe die Mutter Schwierigkeiten gehabt, das Kind loszulassen, sei ängstlich gewesen und habe ihr viel verboten. Sie habe sie festhalten wollen, sie jedoch loswerden wollen, wenn sie „nervig" wurde. Der Vater sei nüchtern und wortkarg, er könne mit Gefühlen nicht umgehen.

Als Kompensation habe sie schon früh übermäßig gegessen, zwanghaft onaniert und sich eine eigene Welt aufgebaut. Sie habe phantasiert: geschlagen, eingesperrt und sexuell mißhandelt zu werden. In der Pubertät habe sie sich vorwiegend der Mutter gegenüber verweigert. Vom 12. -16. Lebensjahr habe sie nicht mit ihr geredet.

In der Schule sei sie immer ein Außenseiter gewesen. Mit 16 Jahren habe sie mit Hilfe von Alkohol Kontakte knüpfen können, die allerdings oberflächlicher Natur waren.

Mit 17 Jahren habe sie die erste sexuelle Beziehung gehabt. Ihr Sexualverhalten sei damals schon süchtig gewesen. Bis 1983 habe sie sich prostituiert, wobei primär nicht das Geldverdienen im Vordergrund stand, sondern das Ausagieren ihrer Sexsucht. Sie habe sexuelle Perversionen ausgelebt, indem sie sich schlagen, auspeitschen und fesseln ließ. Dies habe sie bis zu einer bestimmten Grenze als lustvoll erlebt. Häufig war sie am nächsten Morgen erschrocken, in welch körperlicher Verfassung sie sich befand. Einmal habe sie infolge einer Fesselung ein halbes Jahr kein Gefühl in ihrer Hand gehabt. Anfangs habe es ihr Spaß gemacht, ihre Phantasien sexuell auszuleben. Oftmals habe sie sich selbst in gefährliche Situationen gebracht; z. B. indem sie mit fremden Männern in ihre Wohnungen gegangen ist. „Durch meine Unachtsamkeit wurde ich mehrmals vergewaltigt." 1982/83 sei, als sie 25 Jahre alt war, ihr der Suchtcharakter (Sexsucht) ihres Verhaltens deutlich geworden.

Sie ist mehrfachabhängig: Alkohol-, Tablettenabhängigkeit (Captagon und Tranquillizer) und es liegt eine Eßsucht vor.

Vom 23.-27. Lebensjahr habe sie sich täglich die Haut aufgeschnitten, später alle 4-5 Monate. Gelegentlich schlage sie ihren Kopf gegen die Wand. Diese Verhaltensweisen treten bevorzugt auf, wenn sie sich nicht mitteile, oder keine Lust dazu habe.

Sie unternahm zwei Suizidversuche: Einmal nahm sie eine Überdosis an Schlaftabletten und Alkohol. Sie lag zwei Tage im Koma und eine Woche auf der geschlossenen Abteilung.

Seit dem 23. Lebensjahr habe sie Minipsychosen. Zu dieser Zeit trennten sich ihre Eltern, und ihre Großtante, die ihr sehr nahe stand, starb. Sie schildert die Formen des Realitätsverlustes folgendermaßen:

„Habe manchmal das Gefühl, daß alles um mich herum nicht wirklich ist, komme mir fremd vor, habe das Gefühl, daß ganz gewohnte Dinge noch nie da waren. Nebengeräusche höre ich unerträglich laut wie z. B. Neonlicht, Vögel, Stimmen viel lauter als sie wirklich sind." Sie sehe und höre Dinge, die nicht da seien, so fühle sie z. B. Insekten,

die über ihren Körper liefen, auch höre sie Stimmen, sie habe zahlreiche Phobien, vor allem vor Tieren, Spinnen, Vögeln oder auch Menschen. Oftmals habe sie den Zwang, einen Satz oder eine Ansage zigmal zu wiederholen. Gelegentlich trete das Gefühl auf, alles steuern und beeinflussen zu können. Plötzlich habe sie wahnsinnige Angst, oft mit dem Gefühl verbunden, daß sie sich auflöse oder nicht mehr existiere. Sie sei dann erstarrt und völlig bewegungsunfähig.

Seit 10 Jahren sei sie ständig erfolglos in nervenärztlicher Behandlung. Sie wurde inzwischen in drei psychosomatischen Kliniken behandelt. Zusätzlich bekam sie Neuroleptika und zeitweise Lithiumpräparate. Durch die vorausgehenden Therapien und durch den Besuch der Selbsthilfegruppen (OA; AA; SA) war sie abstinent von ihren Süchten.

Das vorrangige Problem zum jetzigen Zeitpunkt waren die Minipsychosen. Die psychotischen Zustände hätten sich seit ihrer Abstinenz verschlimmert. Seit zwei Jahren habe sie fast ständig Halluzinationen, anfangs in halbjährigen Abständen, dann alle drei Monate, in letzter Zeit in immer kürzer werdenden Abständen. Da sie arbeitsunfähig geworden sei, habe sie 1988 zwei mehrwöchige Psychiatrieaufenthalte in Anspruch genommen.

Zur Bearbeitung ihrer Minipsychosen schloß sie folgenden Non-Psychosevertrag ab: Zuerst erarbeitet sie sich die Situationen, in denen sie Gefahr läuft, eine Psychose zu „produzieren“:

- *wenn ich nicht für genügend Schlaf sorge.*
- *von außen zu starke Belastungen auf mich zukommen durch zuviel Arbeit, Termindruck, bzw. ich Arbeit und Aufgaben übernehme, die ich nicht bewältigen kann.*
- *es mir schlecht geht, d. h. ich z. B. Gefühle von Angst, Wut, Schmerz habe und ich mich nicht rechtzeitig mitteile und mir Hilfe hole.*
- *ich mich verwirre und nicht rechtzeitig was tue, um mich aus der Verwirrung herauszuholen.*
- *ich mich nicht bei Reizüberflutung abgrenze wie z. B. bei Medien, Nebengeräuschen, Bildern.*
- *ich mich fremd und /oder unwirklich fühle und/oder meine Umwelt so empfinde und nichts dagegen tue.*

- *ich mich verzweifelt fühle und das Gefühl nicht stoppe, eine wichtige Entscheidung fällig ist und ich mich aus Angst vor der falschen Entscheidung nicht entscheide.*

Ihr erkennt meinen Drang, mich psychotisch zu machen, daran:

- *daß ich keinen anschaue, starre Augen und einen verschlossenen Gesichtsausdruck habe oder Grimassen schneide und mein Körper starr ist, bzw. ich mich steif bewege,*
- *daß ich kaum oder nichts mehr spreche und auch nicht antworte,*
- *daß ich im Zimmer bleibe und mich isoliere,*
- *daß ich extrem ängstlich oder verwirrt bin oder so wirke, ziellos oder sehr gestreßt herumlaufe.*

Indem ich die Psychose produziere, vermeide ich:

- *Spaß und Freude zu haben, die Realität anzuerkennen,*
- *Kontakt zu mir und anderen zu haben,*
- *Verantwortung für mich zu übernehmen,*
- *Verantwortung für Beziehungen zu übernehmen,*
- *mich schwierigen Situationen zu stellen bzw. aktiv Probleme zu lösen.*

Ich schade anderen dadurch, daß:

- *ich ihnen meinen verantwortlichen Teil vorenthalte,*
- *ich sie in die Versorgerrolle dränge,*
- *ich sie mit meinem Verhalten dazu zwinge, für mich Verantwortung zu übernehmen,*
- *ich ihre Grenzen überschreite, z. B. durch schreien und um mich schlagen.*

Ich schade mir dadurch, daß:

- *ich mich um wichtige Erfahrungen in der Realität betrüge,*
- *ich mich therapie- und arbeitsunfähig mache,*
- *ich den Groll und Ärger der anderen auf mich ziehe,*

- *ich eventuell von Medikamenten, die ich verabreicht bekomme, die Nebenwirkungen zu spüren bekomme.*

Um dem zuvorzukommen, werde ich folgendes tun:

- *Wenn ich nicht oder nicht genügend geschlafen habe, rede ich darüber mit einem Mitglied der Borderline-Gruppe, in der Klingelrunde oder mit der Schwester und sorge dafür, daß ich die nächste Nacht schlafe.*
- *Ich werde dafür sorgen, daß meine Arbeitsbelastung etc. nicht zu groß wird, indem ich realistisch hinschaue, was ich bewältigen kann. Bevor ich Aufgaben übernehme, überprüfe ich im Kontakt mit anderen, ob es wirklich mein inneres Bedürfnis ist, oder ob ich es aus Mitleid oder falschem Pflichtbewußtsein mache.*
- *Ich werde täglich für angenehmen Kontakt mit anderen sorgen, z. B. mit ihnen einfach zusammensein und mich mit ihnen unterhalten, spazieren, in die Sauna, schwimmen gehen etc.*
- *Wenn ich mir die Phantasie mache, daß ich abgelehnt werde, oder kein Platz für mich da ist, und dies merke, mache ich Realitätskontrolle, indem ich nachfrage.*
- *Ich werde täglich mindestens für eine halbe Stunde Ruhe sorgen.*
- *Ich werde zweimal die Woche einer mir vertrauten Person meine Bedürfnisse, Wünsche und meine unausgesprochenen Phantasien mitteilen.*

Der Vertrag ist gebrochen, wenn ich die Aktionen nicht einhalte oder einen psychotischen Anfall produziere. Falls ich damit bei einem anderen Menschen Schaden angerichtet habe, werde ich mich entschuldigen und eine Wiedergutmachung anbieten.

Im Anschluß daran formulierte sie ihre positiven Sanktionen. Durch diese Struktur gelang es der Patientin, ihre Minipsychosen langsam in den Griff zu bekommen, so daß sie bis zu dem Zeitpunkt ihrer Entlassung in der Lage war psychosefrei zu leben, indem sie aktiv ihre Probleme ansprach und löste.

2 ½ Monate nach der Entlassung wurde sie befragt, wie ihre Erfahrungen nach der Therapie sind. Die Patientin gab folgendes an:

„Seit meiner Entlassung habe ich weiterhin keine Probleme mit meinen Minipsychosen oder Unwirklichkeitsgefühlen gehabt. Ich glaube, daß mehrere Sachen mir dabei helfen:

- *daß für mich die oberste Priorität ist, gut für mich zu sorgen. D. h., egal was passiert, von meinen Süchten abstinent zu bleiben, genug zu schlafen, Pausen zu machen, mich nicht mehr durch ehrenamtliche Tätigkeiten von mir abzulenken und klare einfache Dinge zu machen.*
- *daß ich Kontakt halte zu jetzigen und ehemaligen Patienten aus der Borderline-Gruppe und zu den Therapeuten, mir dort Erlaubnis und Rat holen kann und mich an meinen Erlaubnisvertrag halte, den ich kurz vor der Entlassung für zu Hause gemacht habe.*
- *daß ich mich mir vertrauten Menschen regelmäßig mitteile (Gefühle, Befürfnisse, Phantasien und Probleme), und daß ich vor allem Ärger und Verletzungen anspreche und mich entschuldige, wenn ich im Unrecht war.*

Äußerliche Faktoren sind ebenfalls wichtig:

- *Ich konnte an meine alte Arbeitsstelle zurück,*
- *konnte meine Wohnung behalten und habe WG-Mitbewohner, mit denen ich offen sein kann.*
- *Ich besuche eine gute BA-Gruppe, die zu 90% aus ehemaligen Patienten aus Grönenbach besteht (siehe Kapitel 4.8.: die Selbsthilfegruppe der Borderline-Anonymous).*

Insgesamt merke ich, wie viel ich in der Therapie gelernt habe. Meine Selbstwahrnehnung ist besser geworden. Ich erkenne Alarmzeichen wie Überdrehtsein schneller und kann mich stoppen, bevor ich durchdrehe. Es ist mir wichtig geworden, klare Sachen zu machen und für klare Beziehungen zu sorgen.“

Aus unserer Erfahrung können wir die Aussage von SCHIFF (1975) bestätigen, daß das Auftreten von Psychosen eine Regression und damit ein Vermeidungsverhalten darstellt, um anstehende Probleme nicht zu lösen und andere in die Versorgerrolle zu manipulieren.

Inwieweit diese Aussage generalisiert werden kann in der Form, daß dies auch für die schizophrene Psychose zutrifft, entzieht sich unserer Kenntnis. Zumindest für das Auftreten von Minipsychosen beim Borderline-Syndrom trifft dies unserer Meinung nach zu.

4.3.2.5. Magisches Denken und regressive Desymbolisierung

Die Fähigkeit, assoziativ und primär-prozeßhaft zu denken, ist dem Erwachsenen-Ich 1 zuzuordnen. Diese Denkform ist charakteristisch für Kinder weit vor dem 6. Lebensjahr.

Normalerweise wird die Realität vom Erwachsenen-Ich 2 aus definiert. Auftauchende Bilder, Assoziationen und Analogien aus dem Erwachsenen-Ich 1 haben einen symbolischen Charakter und werden vom funktionierenden Erwachsenen-Ich 2 als solche erkannt, entschlüsselt und in die Wahrnehmung mit einbezogen.

Borderline-Patienten dagegen reagieren auf soziale Konflikte mit dem Auftauchen von inneren Bildern. Diese inneren Bilder sind für sie Wirklichkeit, d. h. real.

Da die Erwachsenen-Ich 2 Funktionen bei frühgestörten Patienten bezogen auf den konflikthaften Bereich eingeschränkt sind, kommt es zu einer regressiven Desymbolisierung. Die inneren Phantasien, Bilder und Wahrnehmungen haben keinen Symbolcharakter mehr, sondern werden im Zuge der Desymbolisierung zu Wirklichkeiten. Die innere Phantasiewelt wird zu einer realen Geisterwelt, die häufig durch Rituale und Beziehungsdenken in Schach gehalten werden muß.

So kann es zum Beispiel für einen frühgestörten Patienten bedeuten, wenn er morgens seinen Kakao verschüttet, daß dies nicht ein Bagatellereignis ist, sondern ein Hinweis, daß an diesem Tag etwas Schreckliches passiert und dies mit unausweichlicher Bestimmtheit. Er hat für sich nur noch die Möglichkeit, die Tasse auf eine bestimmte, ritualisierte Art und Weise zu reinigen, um die Gefahr zu bannen, oder er glaubt, er müsse sich selbst verletzen, um durch dieses Opfer die Gefahr abzuwenden.

Für diese Patienten werden alle Informationen mit Symbolcharakter, z. B. das Münzorakel des I Ging, Tarot-Karten legen und Astrologie, Wirklichkeiten mit zwingendem Charakter, mit denen sie sich magisch verflochten fühlen.

Auch Meditationstechniken, die darauf abzielen, die Ich-Grenzen aufzulösen, können für diese Patienten wegen ihrer mangelnden integrativen Kapazität des Erwachsenen-Ich 2 gefährlich werden. Aufsteigende innere Bilder, Assoziationen, werden nach außen projiziert und so als Dämonen und reale Stimmen erlebt, und die Gefahr einer psychotischen Dekompensation ist nicht auszuschließen. Bei einer drohenden psychotischen Dekompensation haben die Patienten oft noch ein Gefühl dafür, wie lange sie diese Dekompensation abwehren können. Nach ihren Angaben gibt es allerdings einen Punkt, bei dem die Projektion der inneren Erlebnisse eine Eigendynamik entwickelt und die Psychose nicht mehr steuerbar ist.

All diese Vorgänge werden von Patienten in der Regel sorgfältig geheim gehalten, da sie eine nicht unberechtigte Angst haben, psychiatrisiert zu werden, falls sie von ihren Erlebnissen berichten. Dennoch machen solche Erlebnisse einen Teil ihrer Alltagserfahrung aus.

Bei frühgestörten Patienten findet also nicht eine Regression im Dienste des Erwachsenen-Ich 2 statt (diese Regression kann z. B. bei neurotischen Patienten eine Bereicherung darstellen, indem sie sich ihre innere Bild- und Symbolwelt erschließen), sondern es findet eine pathologische Regression statt, bei der die inneren Bilder und Phantasien desymbolisiert werden. Dadurch kommt es zu einer Überschwemmung mit primärprozeßhaftem Material, und das kann eine Minipsychose oder eine Psychose herbeiführen.

Um dieses magische Denken zu konfrontieren, haben wir mit folgender Vorgehensweise gute Erfahrungen gemacht: Wir bitten einzelne Patienten Vorträge zu halten, warum Astrologie, I Ging, Tarot-Karten oder bestimmte Meditationstechniken für Borderline-Patienten gefährlich werden können. In einer vereinbarten Gruppenstunde hält dann jeder Patient einen Vortrag über das von ihm ausgewählte Thema und es wird darüber diskutiert. Erfahrungen werden ausgetauscht, welchen Stellenwert in ihrem Leben das magische Denken hat. Dieses magische Denken ist keineswegs nur auf die schizotypische Persönlichkeitsstörung beschränkt. Auch fast alle Borderline-Patienten, die vordergründig nur die Spaltung als Abwehrmechanismus benutzen, zeigen dieses Phänomen des magischen Denkens und der regressiven Desymbolisierung.

4.3.2.6. Das Gefühlsbuch

Da die authentischen Gefühle in der Regel verleugnet und stattdessen borderline-spezifische „Ersatzgefühle"* ausagiert werden, ist es therapeutisch hilfreich, die Patienten ein Gefühlsbuch führen zu lassen.

In diesem Buch schreiben sie auf, wann sie Wut, Freude, Liebe, Schmerz, Angst oder Sexualität empfinden. Am Anfang beginnen die Patienten meistens mit einem sogenannten Wutbuch. Durch das Aufschreiben der Wutgefühle, die sie im Verlauf eines Tages erlebt haben, erreichen sie folgendes:

1. Das Erwachsenen-Ich wird durch das Aufschreiben eingeschaltet.
2. Es findet eine Unterscheidung zwischen echter authentischer Wut und der archaischen zerstörerischen Wut im Rahmen des bösen Segmentes statt.

---

* Mit Ersatzgefühlen bezeichnet die TA diejenigen Gefühle, die in der Kindheit anstelle authentischer Gefühle gezeigt werden dürfen. In manchen Familien zum Beispiel ist Wut als authentisches Gefühl nicht erwünscht, aber es wird erlaubt, statt wütend traurig zu sein.

3. Es geschieht eine Einordnung des Gefühls in den situativen Kontext durch die Beantwortung der Frage, in welchem Zusammenhang die Wut erlebt wurde.
4. Es wird geklärt, ob die Wut angemessen ausgedrückt wurde, d. h., ist sie konstruktiv eingebracht worden, so daß es zu einer Klärung der Beziehung kam, oder wurde sie sozial destruktiv ausagiert.

Falls sie sozial destruktiv ausagiert wurde, halten wir die Patienten an, sich bei dem Gegenüber zu entschuldigen und ihm eine Wiedergutmachung anzubieten.

Wiedergutmachung

Wiedergutmachung bedeutet, daß die Patienten die materiellen und emotionalen Schäden wiedergutmachen.

Da das Eltern-Ich 2 mangelhaft entwickelt ist, erleben Borderline-Patienten kaum Schuldgefühle, wenn sie andere materiell oder emotional ausbeuten und schädigen. Psychodynamisch gesehen dient die Schädigung dazu, destruktiv auszuagieren, um eine Symbiose aufzubauen. Borderline-spezifische Schuldgefühle werden nur entwickelt, wenn autonomes Verhalten gezeigt wird, und dies unter dem Diktat des Eltern-Ich 1+ als Verrat erlebt wird.

Das Bestehen auf Wiedergutmachung dient dazu, daß die Patienten Verantwortung für ihr sozial destruktives Verhalten übernehmen und daß zum anderen eine neue Eltern-Ich 2-Struktur inkorporiert werden kann.

Materieller Schaden wird wiedergutgemacht, indem man den Schaden ersetzt. Bei der Wiedergutmachung eines emotionalen Schadens geht man davon aus, daß dem anderen negative soziale Energie zugeführt wurde. Die Wiedergutmachung besteht darin, daß man positiv soziale Energie zuführt, indem man sich etwas ausdenkt, was dem anderen Freude bereiten könnte, z. B. Einladung ins Kino, Kaffee trinken etc.

Durch die Wiedergutmachung sollen beide sich auf eine positive Art und Weise bestätigt fühlen.

4.4. Körperarbeit

Im Rahmen der Entwicklungspsychologie wurde aufgezeigt, wie sich das Körperschema beim Durchlaufen der einzelnen Entwicklungsphasen entwickelt. Traumatisierungen in den einzelnen Entwicklungsphasen haben spezifische Defizite zur Folge.

Oft sind bei frühgestörten Patienten einfache Bewegungsmuster wie gehen, laufen, greifen, sitzen, krabbeln usw. massiv gestört. Ein weiterer Ausdruck der Körperschemastörungen ist die mangelnde Fähigkeit, seine Körpergrenzen wahrzunehmen, und die Entfremdung vom eigenen Körper.

Diese Defizite sind durch Körperübungen korrigierbar. Das heißt, es können bestimmte, nicht voll entwickelte körperliche Fertigkeiten und Aktionsschemata erfahren und gelernt werden. Das Wissen um den Umgang mit dem Körper und die Einfühlung in diesen ist in einem gewissen Umfang nachholbar. Die Reifung auf dieser Ebene geht Hand in Hand mit der Reifung auf der psycho-sozialen Ebene.

Nach der Gastphase nehmen die Patienten 1 ½ Stunden wöchentlich an der Körperarbeit teil. Die Gruppengröße beträgt 4-10 Patienten.

Bei der Körperarbeit mit frühgestörten Patienten ist zu beachten, daß die Patienten auf der Entwicklungsstufe unterstützt und aktiviert werden, auf der sie sich gerade befinden. Es ist wenig sinnvoll, mit jemanden entlastend zu arbeiten, wenn er noch kein Gefühl für Geerdetsein entwickelt hat.

Da in einer Körperarbeitsgruppe Patienten zusammengefaßt sind, die in ganz unterschiedlichen Phasen ihres Prozesses stehen, werden Übungen und Spiele zu unterschiedlichen Themen angeboten. Jeder Patient entscheidet sich eigenverantwortlich, inwieweit er sich auf die einzelnen Übungen einlassen will. Es ist wichtig, ihn anzuregen und auf seine Grenzen zu achten.

Bezogen auf Widerstandsphänomene wird sehr gewährend umgegangen. Es soll eine Atmosphäre des Vertrauens entstehen, in der der einzelne zunehmend mehr Sicherheit gewinnen kann, neue Erfahrungen auszuprobieren. Der Fokus liegt weniger auf den Defiziten, sondern auf der Aktivierung des gesunden Anteils des Patienten. Der Patient soll idealiter angeregt und gestärkt die Gruppe verlassen.

Regressionsfördernde Situationen sollen vermieden werden. Z. B. wird die Arbeit mit geöffneten Augen durchgeführt und dem Patienten wird selbst überlassen, ob er die Augen schließen will oder nicht. Das In-sich-hinein-spüren mit geschlossenen Augen kann oft starke Ängste auslösen. Es wird vorwiegend im Sitzen und Stehen oder in Bewegung gearbeitet, weniger im Liegen.

Die Übungsangebote sind strukturiert, da offene Angebote sehr angstauslösend sein können.

Auf der praktischen Ebene bedeutet dies, daß nicht regressiv, sondern stützend gearbeitet wird. LETTNER nennt hier drei Grundfunktionen, die im Umgang mit Frühgestörten aktiviert werden:

1. Stützende Funktionen – hierzu gehört die Erfahrung des Getragenseins (Grounding), die Beweglichkeit der Gelenke, Koordinations-, Ausdauer-, Kraft-, Gleichgewichts- und Dehnübungen.
2. Entlastende Funktionen – die Fähigkeit Gewicht abzugeben, in Kontakt Spannung abgeben.
3. Steuernde Funktionen – die Fähigkeit, sich abzugrenzen, die richtige Distanz bzw. Nähe zu finden.

Die Aktivierung dieser drei Funktionen zielt letztendlich auf die Entwicklung und Differenzierung der Kernstruktur, der Schalenstruktur und der Beziehung zur Objektwelt hin.

Auf die stützenden und entlastenden Funktionen soll jetzt genauer eingegangen und sie sollen durch Beispiele verdeutlicht werden.

1. Stützende Funktionen

Durch die Übungen zu den stützenden Funktionen werden grundsätzlich körperliche Funktionen trainiert, wie z. B. Kraft,

Ausdauer, Beweglichkeit, Koordination, Gleichgewicht, etc.. Die Methoden sind vielfältig: hilfreich sind gymnastische Übungen, Wirbelsäulengymnastik, Feldenkrais, Dehnübungen, Kreislauftraining, Koordinations- und Gleichgewichtsübungen, einfache Grounding-Übungen, afrikanisches Tanzen und rythmische Körperarbeit.

In dieser ersten Phase, die oft die ganze stationäre Therapiezeit andauert, wird mit obengenannten Methoden meist sehr spielerisch, oft mit Tanz und Tanzspielen gearbeitet. Zum Beispiel wirken Elemente aus dem afrikanischen Tanz und der rhythmischen Körperarbeit auf sehr unterschiedlichen Ebenen: Geerdetsein, Koordination und Fluß in der Bewegung, Gruppenzusammengehörigkeit, kreativer Ausdruck, rhythmisches Bewußtsein, in Kontakt gehen, die Grenze finden zwischen sich, bei sich sein und beim anderen sein.

Das Gesagte soll an einem Beispiel kurz erläutert werden: Einer Borderline-Patientin mit ausgeprägter Zwangssymptomatik war es unmöglich, sich berühren zu lassen, selbst das Anlehnen an die Wand oder das Liegen auf dem Boden löste Angst und Panik aus. Durch rhythmisches Bewegen im Kreis, in der Gruppe, bzw. durch Tanzen im Kreis fühlte sie sich optimal unterstützt in ihrem Bedürfnis nach Nähe und Distanz – zum einen eingebettet und verbunden durch den gemeinsamen Rhythmus, zum anderen ganz für sich. Die Erfahrung des gemeinsamen, rhythmischen Bewegens kann Vertrauen schaffen, ein Körpergefühl des Getragenseins –, „etwas geht wie von selbst, ohne daß ich kontrollieren oder mich anstrengen muß".

Die Arbeit an der Kernstruktur wäre das Spüren und Kennenlernen des eigenen Atmens, das Spüren und Hören (Stethoskop) des eigenen Pulses, Erforschen der eigenen Knochenstruktur (das, was uns Stütze und Halt gibt) durch Abklopfen und Abtasten.

Übungen zur Schalenstruktur: Frühgestörte haben nicht die Fähigkeit, ihre Körpergrenzen zu spüren, sich getrennt von der Außenwelt wahrzunehmen. Das heißt, Entwicklung und Nachreifung der Schalenstruktur, Aufbau und differenzierte Wahrnehmung der Körpergrenzen, wäre ein weiterer, wichtiger Bestandteil der Körperarbeit. Natürlich verläuft die Differenzierung außen (Schale) parallel zur Differenzierung nach innen (Kern). Andererseits kann die Entwicklung der Schalenstruktur durch gezielte Reize und Stimulation von außen gefördert werden, wie zum Beispiel durch Abklopfen verschiedener Körperteile, sich selbst oder sich gegenseitig abklopfen, dabei die Aufmerksamkeit auf die Körpergrenzen lenken, sozusagen die Grenzen verdeutlichen, sich selbst oder andere berühren, tasten – auch mit Materialien, z. B. Stab oder Tennisball massieren, vorwiegend Füße, Hände, Kopf, oder Handauflegen, den Atem spüren, in der Vorstellung die Körpergrenzen mit einem Pinsel malen. Oftmals fehlen in der Wahrnehmung dieser Patienten gewisse Körperteile – meist Füße, Beine, Arme, Hände oder auch Rücken und Becken –, durch betasten, beklopfen, dehnen, streicheln können diese Körperteile als zugehörig erlebt werden. Natürlich sind diese Prozesse immer wieder sehr stark angstauslösend und rufen Abwehrreaktionen hervor, wie Panik, aus dem Kontakt gehen, Somatisierungen wie Ekel und Übelkeit.

Wir sprechen die Patienten beim Auftreten der Abwehrreaktionen aktiv an, holen sie in die Realität zurück und erklären ihnen den Sinn dieser Abwehrreaktionen. Der Patient kann dann selber entscheiden, ob er weitermachen will oder nicht. Damit hat er die Möglichkeit, sich eigenverantwortlich mit seinen Grenzen auseinanderzusetzen.

Abschließend wieder ein kurzes Beispiel zur Verdeutlichung: Ein Patient hatte zu Beginn der Therapie große Probleme, sich getrennt von anderen wahrzunehmen. Im Denken und Fühlen verhedderte er sich mit anderen, fühlte sich oft von Reizen überflutet und geriet dann in panikartige Zustände. In der Körpertherapie arbeiteten wir u. a. viel mit Bodenkontakt, die Füße spüren, stehen und gehen etc.. Bei Therapieende berichtete der Patient, daß er bei Reizüberflutung und aufkommender Panik seine Aufmerksamkeit auf seine Füße und den Boden lenke und er dadurch gut bei sich bleiben und sich von der Außenwelt abgegrenzt erleben könne.

2. Entlastende Funktionen

Die entlastende Funktion ist die Fähigkeit, Spannung im Kontakt abzugeben. Im physischen Bereich bedeutet dies die Möglichkeit, Gewicht eines Körperteils abzugeben; psychisch heißt das, über die Möglichkeit zu verfügen, bei einem Konflikt Trost zu holen und anzunehmen. Übungen, um diese Entlastung zu erfahren und zu lernen sind: z. B. verschiedene Körperteile durch einen Partner passiv bewegen zu lassen, z. B. im Stehen den Arm bewegen und dabei darauf achten, inwieweit der Partner Gewicht abgeben kann.

Eine weitere Möglichkeit, die entlastende Funktion zu erfahren und zu üben, ist z. B.: ein Paar bewegt sich gemeinsam durch den Raum, der eine ist aktiv und der andere passiv, und umgekehrt. Das Wechselspiel zwischen aktiv und passiv kann strukturiert sein, oder sich spontan aus der gemeinsamen Bewegung ergeben.

Weitere Übungen sind spielerisches Kräftemessen, rangeln, sich gegenseitig durch den Raum schieben – auch Übungen zur Nähe und Distanz –, d. h. das Erleben einer Person, wenn sich eine andere Person nähert und wieder entfernt bzw. das Bestimmen der optimalen Nähe/Distanz in einer bestimmten Situation zu einem bestimmten Menschen.

Erfahrungsgemäß löst ein körperliches Passivsein und sich dazu noch von jemand anderen bewegen zu lassen, zunächst Angst aus, da der Passive ganz deutlich seine Kontrolle spürt. Ist es ihm möglich loszulassen, hält er dagegen, oder übernimmt er die Führung.

Durch größte Behutsamkeit von Seiten des bewegenden Partners kann das Vertrauen wachsen, daß nichts Schlimmes passiert, „wenn ich mich anvertraue und loslasse" – für Frühgestörte meist ein völlig neues, nicht gekanntes Erlebnis.

Genauso wichtig wie die passive Rolle, ist dabei die aktive: die Erfahrung, jemand so berühren zu können, daß der andere dies als wohltuend erlebt.

Beispiel

Eine Patientin mit einer sexuellen Mißbrauchsvergangenheit weigerte sich anfänglich prinzipiell, sich berühren zu lassen. Allein die Vorstellung mobilisierte in ihr alte traumatisierende Erfahrungen. Sie konnte jedoch dabei sein, wenn wir in der Gruppe Partnerübungen machten. Beim dritten Mal war ihre Neugier so groß, daß sie sich getraute, die aktive Rolle bei einer Partnerübung zu übernehmen: abklopfen, streicheln, einen Arm passiv bewegen.

Sie war sehr verunsichert und erlebte sich als sehr gewaltsam und roh. Sie war über die Rückmeldungen der Partnerin sehr überrascht, die ihre Berührung und ihre Bewegung als sehr angenehm und einfühlsam erlebte.

Ermutigt durch diese positive Erfahrung, ging sie einen Schritt weiter und ließ sich von ihrer Partnerin bewegen. Dabei machte sie die völlig neue und erstaunliche Erfahrung von Zugewandtheit und Berührung ohne Gewalt und Sexualisierung.

Bei all diesen Übungen ist zu beachten, daß von Seiten des Therapeuten immer wieder darauf hingewiesen wird, daß die Patienten die Grenzen aktiv ziehen und „stop“ sagen dürfen, wenn es ihnen zuviel wird.

4.5. Regressionsarbeit (+ Reparenting = Kompatible Methoden; s. S. 155)

Nachdem durch die Non-Verträge und therapeutischen Verträge die kognitiven Funktionen soweit gestärkt sind, daß der Patient sein Erwachsenen-Ich 2 benutzen kann, um die anstehenden Probleme nach den Bedingungen der inneren und äußeren Realität zu lösen, geht es in der Regressionsarbeit darum, durch eine **korrigierende emotionale Erfahrung** die Fixierungsstellen in der phasenspezifischen Entwicklung zwischen dem ersten und dritten Lebensjahr aufzuarbeiten.

Schon BERNE (1961, a) erwähnte die Möglichkeit, Patienten nach vorheriger Absprache in bestimmte Altersstufen regredieren zu lassen. In der Regression wurden die phasentypischen Entwicklungen nachgespielt und die dazugehörigen Bedürfnisse von dem Therapeuten als Elternfigur befriedigt. Er stellte fest, daß nach kurzer Zeit Veränderungen auftraten. Die regressive Arbeit als klinische Technik, die auf einer entwicklungspsychologischen Betrachtungsweise der Psychopathologie und Psychotherapie basiert, wurde jedoch von SCHIFF erst in der Mitte der 60iger Jahre eingeführt (SMITH, 1989). Ihre Erfahrungen veröffentlichte SCHIFF 1970 in ihrem Buch: „Alle meine Kinder". Später entwickelte sie einen theoretischen Bezugsrahmen. Dadurch bekam die Regressionstherapie deutlichere Konturen (HEUVEL, 1985).

Diese Regressionstherapie nach SCHIFF zielt darauf ab, mit schwergestörten Patienten eine symbiotische Beziehung einzugehen. In dieser Symbiose hat der Patient die Möglichkeit, in eine konfliktfreie Periode zu regredieren. Von dieser konfliktfreien Periode aus wird dann eine gesunde Entwicklung eingeleitet. Dabei ist der Therapeut eine wohlwollende Elternfigur, die eine heilende Umgebung (WINNICOTT, 1975) schafft, in der der Patient die Möglichkeit hat, sein wahres Selbst (WINNICOTT, 1955) zu erfahren und seine Bedürfnisse und Gefühle zu erleben. In diesem geschützten Kontext wird die Psychopathologie der „frühen Störungen" durchgearbeitet. Dabei werden viele neue Informationen gegeben, ungesunde, passive oder pathologische Verhaltensweisen konfrontiert, korrigiert und Skriptentscheidungen geändert, damit neue Verhaltensweisen und Anpassungsmuster gelernt werden können (HEUVEL, 1989).

Methoden, die in dieser Art regressiver Arbeit benutzt werden, basieren auf der Theorie der Transaktionsanalyse und dem SCHIFF'schen Konzept des Reparenting. Das therapeutische Vorgehen ähnelt den regressiven Therapieformen, die von COX und ESAU 1974 entwickelt wurden und die auf den Arbeiten von

FEDERN (1952), SECHEHAYE (1951), BALINT (1968) und ROSEN (1953) basieren. Sie nahmen zu dem Patienten auf dem Entwicklungsniveau Kontakt auf, auf dem er funktionierte. Sie benutzten die Regression auf eine positive heilende Art, förderten die Übertragungsbeziehungen und bauten eine reale Beziehung zu ihren Patienten auf (SMITH, 1989).

SMITH (1989) definierte das **Reparenting** als einen therapeutischen Prozeß, in dem neue Eltern-Botschaften in das Eltern-Ich inkorporiert und frühere Eltern-Botschaften verdrängt werden. Dieses Vorgehen geht von der Annahme aus, daß frühe Botschaften eines Elternteils, die im Eltern-Ich enthalten sind, während der Kindheit durch das Kind-Ich verarbeitet und organisiert worden sind (El 1). Das Eltern-Ich 1 ist die Grundlage für die Weiterentwicklung zum Eltern-Ich 2, so daß wir dann später im Eltern-Ich 2 die pathologischen Eltern-Botschaften wiederfinden.

In der **regressiven Arbeit** wird das Kind-Ich des Patienten mit Energie besetzt, und er bekommt neue Eltern-Botschaften, Definitionen, Informationen und Antworten aus dem Eltern-, Erwachsenen- und Kind-Ich des Therapeuten. Diese bilden die Grundlage für die Entwicklung eines neuen Lebens-Skripts. Während der Regression besetzt der Patient den Kind-Ich-Zustand des Zielalters mit Energie, so daß der Eltern- und Erwachsenen-Ich-Zustand auf dem Level des entsprechenden Regressionsalters funktioniert.

So gesehen sind Reparenting und regressives Arbeiten zwei gesonderte, aber wechselseitig kompatible therapeutische Modelle (SMITH, 1989). Nach HEUVEL (1985) kann man die Regressionstherapie auch als eine Art geführter Regression bezeichnen. Die geführte Regression ist ein geeignetes Mittel, um Problematiken in den ersten Lebensphasen zu bearbeiten. Die verbalen Formen der Psychotherapie sind in solchen Fällen wenig hilfreich, da die Problematik in einer Phase verankert ist, in der das Kind noch keine Möglichkeit hatte, sich verbal zu äußern. In der Regression wird diese Problematik offensichtlich und einer Korrektur zugänglich.

Um die Ziele der Regressionstherapie zu bestimmen, ist es wichtig, mit dem Patienten folgende Informationen zu erarbeiten:

1. In welcher Entwicklungsphase ist etwas schiefgelaufen?
2. Welche phasenspezifischen Bedürfnisse wurden in dieser Phase nicht befriedigt?
3. Welche spezifischen Aufgaben wurden nicht gelernt?
4. Welche Entwicklungsprobleme, die dieser Phase zugehören, sind nicht gelöst worden?

Wurden in einer bestimmten Entwicklungsphase bestimmte Aufgaben nicht gelernt, wird das Individuum später versuchen, durch das Eingehen von symbiotischen Beziehungen dieses Defizit zu kompensieren. Seine Mitmenschen wird er unbewußt so beeinflussen, daß sie seine Bedürfnisse befriedigen. Durch das Eingehen dieser dysfunktionellen, wachstumshemmenden Symbiose hat er kaum eine Möglichkeit, autonom zu werden.

In einer geführten Regression hat er dagegen nun die Möglichkeit, die früher verleugneten Bedürfnisse im entsprechenden Regressionsalter zu fühlen und zu befriedigen, die nicht gelernten Entwicklungsaufgaben zu lernen und die entsprechende Problematik der Entwicklungsphase aufzulösen.

Eine solche Form der Therapie erfordert eine bestimmte Haltung des Therapeuten, eine sorgfältige Vorbereitung und ein spezifisches Setting (HEUVEL, 1985).

*4.5.1. Haltung des Therapeuten**

Die Haltung des Therapeuten, der die geführte Regression in die Psychotherapie mit einbezieht, ist sehr verschieden von der Haltung eines Psychotherapeuten, der andere Formen der Psycho-

---

* Die Abschnitte 4.5.1., 4.5.2. und 4.5.3. sind meist sinngemäße Übersetzungen (mit der freundlichen Genehmigung von M. KOUWENHOVEN) aus dem Kapitel: H. HEUVEL: Door klein zijn, groterwerden, in: KOUWENHOVEN, M. (Hrg.): Transaktionale Analyse in Nederland, Bd. II, 1985, S. 279-317.

therapie benutzt. Der Therapeut wird zu einem Bestandteil in einem Erziehungsprozeß. Z. B. sind die Gefühle, die der Therapeut während der Regressionstherapie erlebt, genauso wichtig wie die Gefühle des Patienten.

Eine Therapeutin sollte Mutterfunktionen und ein Therapeut Vaterfunktionen übernehmen. Frauen reagieren sowohl körperlich als auch emotional anders auf Kinder als Männer. Die Therapeuten müssen ihr eigenes Skript kennen, miteinander zusammenarbeiten, einander unterstützen und dafür sorgen können, daß sie sich während der Regressionstherapie wohlfühlen.

Entscheidend wichtig bei dieser Form der Behandlung ist, daß der Therapeut die Selbständigkeit des Patienten stimuliert und keine Handlung des Patienten übernimmt, die dieser selber kann oder lernen kann zu tun. Diese Basishaltung ist am Anfang der Behandlung, während der Behandlung und auch nach der Regressionsbehandlung einzuhalten. Nur auf diese Weise ist die Wiederherstellung eines gesunden Wachstums möglich.

Wird dies nicht beachtet, so verschiebt sich anfangs die gut gemeinte Beziehung immer mehr in Richtung einer ungesunden symbiotischen Beziehung. Die Aufgabe des Therapeuten ist es, sich auf Dauer überflüssig zu machen und den Patienten zu lehren, selber seine Bedürfnisse zu befriedigen, Entwicklungsaufgaben zu lernen und Probleme zu lösen.

Gegen Ende der Therapie soll der Patient fähig sein, auf eine gesunde, autonome Weise aus allen drei Ich-Zuständen heraus Beziehungen mit anderen anzuknüpfen.

Diese Basishaltung setzt voraus, daß der Patient am Anfang der Therapie selber seine Bedürfnisse ausspricht, sich Gedanken darüber macht, was er braucht, dies mit anderen bespricht und wenn nötig, sich eigenständig Alternativen ausdenkt. Voraussetzung für die Ausführung einer Regressionstherapie ist, daß der Patient sein Erwachsenen-Ich benutzen kann und es enttrübt hat. Aus diesem Grunde findet die Regressionstherapie nie am Anfang der Behandlug, sondern eher in der Mitte oder am Ende der Therapie statt.

Die Aufgabe des/der Therapeuten/Therapeutin besteht darin:
- Informationen zu geben
- nötigen Schutz, Einfluß und Erlaubnis anzubieten.

Während der Regression wird der Therapeut/Therapeutin als ein therapeutisches Elternteil funktionieren. Die Phasen in einer Regressionstherapie kann man folgendermaßen darstellen:

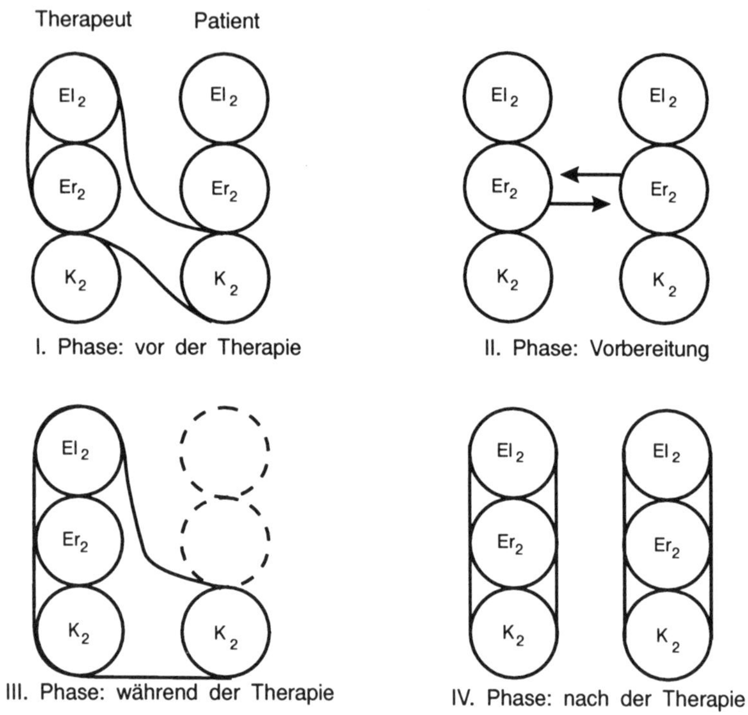

Abb. 34: Phasen der Regressionstherapie nach KOUWENHOVEN (1985, S. 288)

Kennzeichen für eine gesunde, therapeutische Regression ist, daß der Therapeut u. a. sein eigenes Kind-Ich mit eingeschaltet hat, damit der Patient lernt, darauf Rücksicht zu nehmen. Aus seinem Erwachsenen-Ich heraus gibt der Therapeut Informationen, von seinem Eltern-Ich heraus bietet er Struktur, Grenzen, gesunde Botschaften, Unterstützung und Schutz an, so daß eine gesunde Entwicklung und Wachstum hergestellt werden können.

Das Ziel ist, daß der Patient fähig wird, sein eigenes Erwachsenen-Ich und Eltern-Ich zu entwickeln und zu benutzen und unabhängig vom Therapeuten zu werden.

4.5.2. Vorbereitung zur Regressionstherapie

Biographisch historischen Informationen kommt keine so große Bedeutung zu, wie man vielleicht vermuten würde. Wichtiger ist, Information darüber zu sammeln, wie der Patient die früheren Situationen **subjektiv** erlebt hat. Aufgrund des subjektiven Erlebens werden Skriptentschlüsse gefaßt, auch wenn das Erleben nicht mit der Realität übereinstimmt.

Gibt z. B. eine Mutter ihrem Kind nach ärztlicher Vorschrift 24 Stunden nichts zu essen, weil es Durchfall hat, dann kann das Kind dies so erleben, als ob die Mutter es aushungern und sterben lassen will. Aufgrund dieses Erlebnisses kann das Kind Skriptentscheidungen über sich selbst, über Mütter, über Leben und Tod fällen.

Um die Effektivität der Regressionstherapie zu erhöhen, ist es notwendig, daß anhand der Informationen spezifisch und selektiv gearbeitet wird. Dies gilt besonders, wenn man skriptkorrigierende Erfahrungen machen soll.

Sowohl für den Patienten, als auch für die therapeutischen Elternfiguren ist es wichtig zu wissen, was sie tun oder nicht tun sollen.

Das Sammeln der Informationen kann man einteilen in:
a) Informationen über das Problem im Hier und Jetzt.
b) Informationen über das Problem früher.
c) Informationen über die Beziehung zwischen dem Problem von früher und dem Problem der Gegenwart.
d) Informationen über skriptkorrigierende Erfahrungen.

Zu a) Informationen über das Problem im Hier und Jetzt:
Was ist das Problem? Ist dies die Ursache oder die Wirkung?
Wie erfährt der Patient das Problem?
Wie erfahren andere das Problem?

Zu b) Informationen über das Problem von früher:
A) In welcher Entwicklungsphase entstand das Problem?
B) Wie verlief die Phase davor?
C) Wie verlief die Phase danach?
D) Wie war die Situation damals?
E) Wie reagierte der Patient, wie reagierten die Versorger?
F) Was passierte und was passierte nicht?
G) Wie sieht der Patient das Problem?
H) Wie sieht der andere das Problem und inwieweit herrscht Einigkeit über das Problem?

Zu c) Das Verhältnis zwischen dem Problem von früher und dem Problem der Gegenwart:
Eine wichtige Frage, die der Patient zu beantworten hat, ist: Inwieweit er einen Zusammenhang zwischen dem früheren und den jetzigen Problemen sieht.

Zu d) Informationen über korrigierende Erfahrungen:
Die entscheidende Frage hierbei ist, ob die neu zu schaffende Situation die früheren Erlebnisse des Patienten so korrigieren kann, daß er frühere Entschlüsse ändern und alte Überanpassungen durch neue Erfahrungen ersetzen kann. Weiterhin ist zu klären, um welche Bedürfnisse, Aufgaben und Probleme es sich

handelt. Was muß z. B. der Patient tun und was soll der Versorger tun?

Neben dieser verbalen Art und Weise, Informationen zu sammeln, gibt es noch andere Informationsquellen, wie z. B. das Verhalten, das jemand während der Regression zeigt. Auch Körpersprache, Phantasien und Zeichnungen liefern wichtige Informationen. Diese Informationsquellen sind vor allem dann bedeutsam, wenn es sich um eine präverbale Problematik handelt, die der Patient selbst nicht benennen kann.

Diese Art der Informationsbeschaffung erfordert vom Therapeuten mehr Kenntnisse und Intuition als bei der Interviewmethode. Bei der Körpersprache ist z. B. wichtig, auf Atmung, Hautfarbe, Muskelspannung, Haltung, Änderungen, die sich in genannten Bereichen zeigen, zu achten. Während eines Interviews kann ein Patient z. B. ganz nüchtern auf Fragen über die Art und Weise, wie die Mutter ihn versorgt hat, reagieren. Wenn allerdings sein Gesichtsausdruck, vor allem der Mund, einen ganz trostlosen Ausdruck bekommt, ist dies eine wichtige Information. Zeichnungen liefern ebenfalls wichtige Informationen. Man kann z. B. den Patienten bitten, die frühere Situation aufzuzeichnen und dann kann man mit ihm die Zeichnung besprechen. Es ist auch darauf zu achten, was er dabei ausgelassen hat und was dies bedeuten könnte. Die skriptkorrigierende Erfahrung kann in die Zeichnung eingezeichnet werden, bevor diese in der Wirklichkeit durchgespielt wird.

Auch das Verhalten, das der Patient während einer Regression zeigt, liefert wichtige Informationen.

All diese Informationen werden in einem Regressionsvertrag ausgearbeitet.

4.5.3. Bedingungen für die Regressionstherapie

Bevor die Regressionstherapie beginnt, ist darauf zu achten, daß bestimmte Absprachen und Bedingungen eingehalten werden.

Die **erste Bedingung** ist, daß der Patient nicht ohne klare Absprache mit einer Regression anfängt.

Die **zweite Bedingung** ist, daß er während der Regression keine Abwehrmechanismen benützt, durch die die Regression nicht mehr aufgehoben werden kann.

Die **dritte Bedingung** ist, daß der Patient die Regression stoppt, wenn der Therapeut dies verlangt. Dies kann z. B. der Fall sein, wenn der Patient während der Regression sich selbst oder andere verletzt, ohne daß er sich dabei korrigieren läßt.

Die **vierte Bedingung** ist, daß der Patient außerhalb der Regressionstherapie alle drei Ich-Zustände benützt und nicht in der Regression verbleibt. Die Therapeuten sollten darauf achten, daß sie außerhalb der Regression alle drei Ich-Zustände des Patienten ansprechen. Tun sie dies nicht, dann vermitteln sie den Eindruck, daß der Patient klein bleiben muß, damit er seine Bedürfnisse befriedigt bekommt. Wenn der Patient sich dazu entschließen sollte, sich auch außerhalb der Regressionstherapie regressiv zu verhalten, dann sollte man ihm dabei wenig Zuwendung geben, eher das Verhalten verstärken, wenn er sich nicht regressiv verhält.

Die **fünfte Bedingung** ist, daß aktuelle Probleme erst gelöst werden, sonst kann die Regression als Flucht und Vermeidungsverhalten benutzt werden. Oder es können diese Probleme in die Regression mit hineingenommen werden und die therapeutischen Zielsetzungen können so boykottiert werden.

Die **sechste Bedingung** ist, daß der Patient an der Vor- und Nachbesprechung teilnimmt.

4.5.4. Indikationen für die Regressionstherapie

1. Der Patient darf auf der sozialen Ebene nicht mehr ausagieren und muß sozial angemessen funktionieren.
2. Durch die vorausgegangene Vertragsarbeit muß er bewiesen haben, daß er Verträge einhält und verantwortlich damit umgeht.
3. Er muß Enttrübungsarbeit geleistet haben und seine Form der Spaltung kennen. Solange er die Spaltungsmechanismen noch als ich-synton erlebt, ist eine Regressionsarbeit nicht indiziert.
4. Er muß zwischen sich und anderen klar unterscheiden können.
5. Die spezifischen Borderline-Ängste muß er als Ersatzgefühle erkennen und muß zwischen den Bedürfnissen und Gefühlen des freien Kindes und den Ersatzgefühlen unterscheiden können.
6. Er muß eine gute Beziehung zu den beiden Therapeuten haben, die die Regressionstherapie leiten.
7. Der Patient muß in der Lage sein, die Regressionstherapie so zu nützen, daß er eine positive skriptkorrigierende Erfahrung macht und nicht, daß er im Sinne des Wiederholungszwanges seine spezifischen Borderline-Ängste und Spiele wiederholt.

Nach unserer Erfahrung soll die Indikation für die Regressionstherapie sehr vorsichtig gestellt werden, da das Problem besteht, die Regressionsbereitschaft der Patienten im pathologischen Sinne durch diese Art der Therapie zu fördern. Aus diesen Gründen nehmen nicht alle Patienten an der Regressionstherapie teil, sondern nur diejenigen, die die vorher genannten Bedingungen erfüllen können.

Die Gefahr bei der Regressionstherapie besteht darin, daß es zu einer malignen (bösartigen) Regression kommen kann. Unter maligner Regression versteht man den unbewußten Wunsch des

Patienten, eine Person zu finden, die er durch Eskalation in selbstzerstörerisches Verhalten zwingt, ihn total zu versorgen. Dabei werden massive symbiotische Abhängigkeitswünsche ausgelebt. Durch die gewährte Versorgung werden noch größere Versorgungswünsche geweckt. Auf diese Art und Weise entsteht eine suchtartige Spirale, die die maligne Regression kennzeichnet (ROHDE-DACHSER, 1983, S. 215).

4.5.5. Würdigung der Regressionstherapie

ROHDE-DACHSER (1983, d) weist auf den zweifelhaften Wert jener psychotherapeutischen Techniken hin, in denen dem Patienten vorwiegend eine korrektive emotionale Neuerfahrung durch die Befriedigung infantiler Bedürfnisse und Wünsche vermittelt werden soll. CHESSIK, SEARLES (1955) und KNIGHT (1953) haben auf die Gefahr derartiger psychotherapeutischer Interaktionen mit Borderline-Patienten hingewiesen, die sich zwangsläufig auf der Ebene des Primärprozesses abspielen und zu unentwirrbaren emotionalen Verstrickungen zwischen Patient und Psychotherapeuten führen können. Befriedigungserlebnisse dieser Art bewirken im günstigsten Fall eine vorübergehende Beruhigung des Patienten. Sie können aber auch gerade bei Borderline-Patienten einen regressiven Prozeß einleiten, der sich dann als nicht mehr steuerbar erweist.

Diese Kritik ist nach unserer Meinung berechtigt, wenn der Therapeut allein davon ausgeht, daß der Patient gesund wird, wenn seine regressiven Bedürfnisse befriedigt werden.

Ein wesentlicher Beitrag in der kritischen Auseinandersetzung mit der Regressionstherapie ist die Arbeit von SMITH (1989). Sie soll genauer referiert werden, um die Möglichkeiten und Grenzen der Regressionstherapie deutlicher werden zu lassen.

SMITH (1989) befragte 134 Therapeuten aus den USA, Kanada, Südamerika, Australien, Indien und acht europäischen Ländern über ihre Erfahrungen im Rahmen der Regressionstherapie, wie sie von SCHIFF (1970) entwickelt wurde.

Die Therapeuten waren erfahrene Kliniker, 60 % hatten elf Jahre oder länger praktiziert. 64 % hatten regressives Arbeiten über sechs Jahre lang benutzt. Sie benutzten verschiedene therapeutische Vorgehensweisen: TA 96 %, Gestalt 78 %, Körperarbeit 62 %, Verhaltenstherapie 47 %. Ein Drittel der Therapeuten benutzten regressives Arbeiten bei 93 % ihrer Klienten. 70 % nutzten regressives Arbeiten bei bis zu 50 % ihrer Klienten. Regressives Arbeiten wurde generell (71 %) nach Vertragsabschluß durchgeführt, meist in Verbindung mit einem Beelterungs-Vertrag, der in der Regel für die Dauer der regressiven Sitzung gilt.

Das Zielalter der Regression wurde zwischen 0 und 3 Jahren angegeben. Holding wurde von 98 %, Spielen von 98 %, Füttern von 88 % benutzt.

Insgesamt wurde regressives Arbeiten mit Erwachsenen zwischen 18 und 40 Jahren als hocheffektiv eingeschätzt, wobei die Frauen mit einer höheren Effizienz (74,6 %) als die Männer (54,1 %) abschnitten.

Die Therapeuten berichteten weiter, daß die regressive Arbeit für die meisten DSM-III-Diagnosen mit Ausnahme der antisozialen Persönlichkeit durchführbar waren. Am meisten wurde sie bei Schizophrenen benutzt.

Borderline-Persönlichkeiten waren auch in hohem Maße für die regressive Arbeit zugänglich, obwohl sie von den Therapeuten als problematisch angesehen wurden. Die regressive Arbeit scheint ganz besonders nützlich zu sein bei der Behandlung von sexuellem und körperlichem Mißbrauch. Therapeuten beschrieben den primären Nutzen regressiver Arbeit für die Klienten folgendermaßen:

a) 36 % der Klienten erlebten eine emotionale korrektive Erfahrung.
b) Die Arbeit bietet Zugang zu früheren Themen, die über kognitives und verbales Funktionieren hinausgehen (23 %).

c) Es ist ein leichter Weg, durch die Erwachsenenabwehr und Hemmungen der Person hindurchzukommen, um direkt mit dem Thema zu arbeiten (21 %).
d) Die nachfolgende neue Persönlichkeitsentwicklung hat eine tiefere und kräftigere Struktur (20 %).

Grenzen und Gefahren der regressiven Arbeit wurden folgendermaßen definiert:
a) 37 % der Patienten erlebten ihre regressiven Bedürfnisse als unangemessen und hatten aus diesem Grund Schwierigkeiten mit diesem Prozeß.
b) 26 % der Patienten wurden abhängig von diesem Prozeß und benutzten ihn als einen Fluchtweg im Sinne der malignen Regression, um nicht erwachsen zu werden.
c) 16 % hatten Schwierigkeiten, ihre Erfahrungen in ihr Alltagsleben zu integrieren.
d) Bei 15 % traten Probleme in der Übertragungsbeziehung auf. Sie hatten z. B. unrealistische und illusionäre Erwartungen bezogen auf den Therapeuten.

Abschließend wurde das regressive Arbeiten als ein mächtiges Instrument bewertet, das tiefe und stabile Ergebnisse schafft (61 %). Die Therapeuten selber erfuhren viel persönliche Befriedigung. 83 % hatten Freude an der Rolle der Elternfigur und an der Befriedigung, ein Kind zu beobachten, das zu seiner Reife heranwächst.

Die wesentliche Begrenzung des regressiven Arbeitens war das Zeit- und Energieproblem. Für viele war das burn-out-Syndrom ein ernsthaftes Thema (15 %). Bei 24 % traten technische Probleme auf, z. B. die Schwierigkeiten, die Tiefe der Regression abzuschätzen und das angemessene Regressionsalter festzulegen. Weiterhin wurde der Mangel an Akzeptanz durch das personelle Umfeld, das fehlende Verständnis der eigenen Ehepartner und Familien der Therapeuten als Problem genannt (20 %).

Von den Therapeuten, die das regressive Arbeiten nicht mehr anwenden, bezeichnen 41 % den Mangel an Unterstützung durch das professionelle Umfeld als einen der wichtigsten Gründe. Weitere 43 % benannten persönliche Gründe wie Ruhestand oder Krankheit.

Übertragungs- und Gegenübertragungsphänomene führten bei 20 % der Therapeuten dazu, daß sie regressives Arbeiten nicht mehr weiterführten.

Wie aus der Untersuchung hervorgeht, ist das Arbeiten mit tiefen regressiven Prozessen nicht unproblematisch und die anfangs geäußerte Kritik berechtigt. Andererseits ist die Arbeit für viele Patienten sehr hilfreich. Es müßten genauere Indikationsstellungen und Kontraindikationen herausgearbeitet werden.

Unsere eigenen Erfahrungen bestanden darin, daß wir, nachdem wir zwei Jahre lang mit der oben beschriebenen Regressionstherapie Erfahrungen gesammelt hatten, die Art des Vorgehens veränderten. Den Begriff der Regression benutzen wir inzwischen nicht mehr; der Grund dafür ist, daß trotz aller Vorsichtsmaßnahmen und Einschränkungen einige Patienten illusionäre Erwartungsvorstellungen bezogen auf die Regression beibehielten und immer wieder die Gefahr einer malignen Regression bestand.

Das Setting änderten wir vorübergehend dahingehend, daß wir in der Familiengruppe, die einmal wöchentlich für 1 ½ Stunden stattfindet und von einem Therapeuten und einer Therapeutin geleitet wird, eine familienähnliche Struktur zur Verfügung stellen, in der die Patienten die Möglichkeit haben, psychodramatisch einzelne Entwicklungsphasen durchzuspielen. Die Therapeuten übernehmen grenzsetzende und unterstützende Eltern-Ich-Funktionen. Insgesamt hat sich der Fokus weg von der Regression und hin zu der Erfahrungs- und Beziehungsebene verschoben.

Die Indikation zur Teilnahme an dieser Gruppe faßten wir im Vergleich zum Anfang wesentlich strenger. Wir arbeiten in dieser Gruppe nur mit Patienten, bei denen wir sicher sind, daß sie diesen Prozeß konstruktiv nutzen können. Früher ließen wir uns von unseren Patienten verführen, sie zu schnell in diese Gruppe aufzunehmen. In der Regel waren es gerade die Patienten, die illusionäre Erwartungshaltungen an diese Gruppe hatten und mit viel Nachdruck darum baten, in diese Gruppe aufgenommen zu werden.

Inzwischen haben wir die regressive Arbeit völlig aufgegeben.

Die Gründe liegen einerseits in der begrenzten Therapiezeit und andererseits in dem Problem der persönlichen Weiterbetreuung.

Die Krankenkassen bezahlen oft mit großen Schwierigkeiten eine Therapiezeit von 9-10 Monaten. Vielen Gutachtern ist die Länge der Aufenthaltsdauer nicht nachvollziehbar oder sie halten eine kürzere Therapiedauer fachlich für gerechtfertigt, um eine Regression zu verhindern. Sie befürworten eher mehrere kurzzeitige stationäre Aufenthalte. Zur Zeit wird in Fachkreisen die Notwendigkeit und Dauer einer stationären Therapie von Borderline-Patienten sehr kontrovers geführt. Diese kontroverse Sichtweise geht auch in die gutachterlichen Stellungnahmen ein.

Aus der Sicht der Klinik ist zur Zeit die „kassentechnische Realität", daß wir mit einer Behandlungsdauer von maximal 9-10 Monaten rechnen können.

Aus der Sicht der Patienten wird diese Begrenzung der Therapiezeit nicht als prozeßorientiert, sondern als willkürlich erlebt. Nach unserer jetzigen Erfahrung benötigt man mindestens 2 Jahre stationäre Therapie und noch mehr, um eine Regressionstherapie und das damit verbundene Reparenting durchzuführen. Dies wird auch durch den Ansatz von M. KOUWENHOVEN und J. SCHIFF bestätigt.

Viele Patienten konnten, bedingt durch die befristete Therapiedauer und unsere persönlichen Ressourcen, die Regressionstherapie nach der stationären Therapie nur bedingt für sich nutzen. Bei manchen kam es zu einer erheblichen Labilisierung und sie haben sich von uns als „Eltern" im Stich gelassen gefühlt.

Dabei spielt es im subjektiven Erleben der Patienten keine Rolle, wenn wir sie darüber aufgeklärt haben, daß wir nicht ihre

Eltern sind, sondern nur psychodramatisch bestimmte Entwicklungsphasen nachspielen, um alte Fixierungen zu erkennen und aufzuheben. Da viele Patienten strukturell noch nicht in der Lage sind, Symbole zu bilden, sind wir in ihrem Übertragungserleben ihre Eltern.

In Einzelfällen war eine Fortsetzung des Reparenting möglich, dabei zeigte es sich, daß die Patienten erst 2-3 Jahre nach der stationären Therapie strukturell in der Lage waren, den/die Therapeuten/In soweit zu internalisieren und als eine konstante Objektrepräsentanz zu verinnerlichen, daß sie fähig waren, Abschied zu nehmen, ohne Aufgabe der verinnerlichten neuen Objektrepräsentanz. Ist die neue Objektrepräsentanz noch nicht strukturell verankert, dann ist der Patient auf eine dauernde Bestätigung von außen angewiesen, um die positiven elterlichen Botschaften für sich konstruktiv zu nutzen, er hat einen sogenannten „Erlaubnishunger".

Bei einem zu frühen Abschied und Trennung vom Therapeuten fühlt er sich im Stich gelassen und er erlebt die Beziehung zu dem ehemaligen Therapeuten als unwirklich, irreal, als ob alles ein Traum gewesen sei. Der Therapeut hat dann den sehr schmerzlichen Eindruck, als ob der Patient ihn und seine Bemühungen „sterben läßt".

Hier wäre noch Forschungsarbeit notwendig, um die Mindestzeiträume zu bestimmen, die ein Borderline-Patient benötigt, um neue Objektrepräsentanzen bleibend strukturell zu verinnerlichen, wobei je nach der strukturellen Schädigung sicherlich diese Zeiträume variieren werden. Nach unserer Schätzung benötigen die Patienten dazu 3-4 Jahre kontinuierlicher Betreuung.

Aus diesen Gründen und in Anbetracht unserer klinischen Realität mit ihren Möglichkeiten und Begrenzungen führen wir die oben beschriebene Regressionstherapie nicht mehr durch. Da aber die Regressionstherapie ein effektives therapeutisches Instrument sein kann und ein Spezifikum der Transaktionsanalyse (SCHIFF'sche Schule) ist, habe ich mich entschlossen, die Darstellung über die Regressionstherapie mit in dieses Buch aufzunehmen, auch wenn wir sie nicht mehr in unserem stationären Setting benutzen, in der Hoffnung, daß die kritische Auseinandersetzung über diese Therapieform fortgeführt wird.

4.6. Arbeit am ganzheitlichen Prozeß

Borderline-Patienten haben in der Regel Schwierigkeiten, die „ganze Gestalt“ der Therapie wahrzunehmen. Die Neigung zur Fragmentierung zeigt sich eben auch darin, daß sie einzelne therapeutische Abschnitte isolieren und generalisieren. Das führt dazu, daß nicht der gesamte Prozeß wahrgenommen wird.

Aus diesem Grund haben wir es als hilfreich erlebt, mit Borderline-Patienten gerade am Ende der Therapie prozeßorientiert an der „ganzen Gestalt“ zu arbeiten.

Um von der Ver-zwei-flung zur Ein-heit, d. h. zur Ganzheit zu kommen, ist es notwendig, durch den existentiellen Engpaß zu gehen. Bezogen auf Borderline-Patienten bedeutet dies, daß die Patienten ihre Vernichtungsängste, Fragmentierungsängste, all die spezifischen Borderline-Ängste also, sich mit Bewußtheit anschauen. D. h., das Erwachsenen-Ich-2 muß eingeschaltet sein, um die Ganzheit wiederzuerlangen. Mangels der Schwäche der Erwachsenen-Ich 2-Funktion und der geringen integrativen Kapazität des Erwachsenen-Ich-2 bei Borderline-Patienten ist dies am Anfang nicht möglich. Erst wenn die Erwachsenen-Ich 2-Funktionen im Rahmen der Therapie soweit herangereift sind, ist es empfehlenswert, mit diesem Prozeßmodell zu arbeiten.

STAEMMLER und BOCK unterscheiden fünf Phasen in dem von ihnen entwickeltem Prozeßmodell:

II Stagnation

III Polarisation

IV Diffusion

V Kontraktion

VI Expansion

Dieses Modell habe ich um zwei Phasen erweitert, um die Symptomphase (I) und Transferphase (VII), so daß wir in unserem Prozeßmodell sieben Phasen benutzen.

4.6.1. *Beschreibung der einzelnen Phasen*

4.6.1.1. Symptomphase:

Unter Symptomen verstehen wir alle Formen des destruktiven Ausagierens wie:

- Suizidversuch oder die Androhung von Suizid.
- Suchtrückfälle (Alkohol, Drogen, Medikamente und Eßrückfälle).
- Sich selbst schädigen, Schnippeln, Kopf gegen die Wand schlagen, alles fremdzerstörerische Verhalten wie z. B. Schlägereien, Androhung von Gewalt.
- Zwanghaftes Onanieren oder promiskuitives Verhalten.
- Lügen und Stehlen, usw.

4.6.1.2. Stagnationsphase:

Unter Stagnation verstehen wir alle sozialen Manipulationen und Abwehrmechanismen, die der Patient benutzt, um seine autonomen Bedürfnisse nicht wahrzunehmen und zu befriedigen.

Der Borderline-Patient baut sich, mit Hilfe der Spaltung und deren Hilfsmechanismen, ein System auf, durch das er andere in die Symbiose zwingt, damit sie seine spezifischen Bedürfnisse befriedigen sollen. So kommt es zu „abhängigen Beziehungen". Wachstum, Eigenständigkeit und Autonomie werden verhindert, der Patient stagniert und dreht sich im Kreis.

ADLER (1976) hat den seelischen Kranken folgendermaßen beschrieben: „Er läuft sein Leben lang seinen eigenen Ohrfeigen nach und gibt keine Ruhe, bis er immer wieder neue empfangen hat. Der erbitterte Feind ist er selber, maßloses Leiden, Unfähigkeit zum Glück und vertrauensvolle Hingabe, Selbstverstrickungen in hoffnungslose Ängste und zerstörerische Aggression, Unzufriedenheiten, Enttäuschung und unersättliche Reue machen sein Leben aus."

Das heißt, der seelisch Kranke leidet sinnlos, um echtes Leiden zu vermeiden. Der Gesunde leidet sinnhaft, d. h. er leidet qualifizierter, indem er die zum Leben und Wachstum notwendigen Wachstumsschmerzen annimmt. In dem Therapieprozeß geht es also darum, die Stagnationsphase zu überwinden und sinnloses Leiden in sinnhaftes Leiden umzuwandeln. Wer aber sinnhaft leidet und bereit ist, sich seinen Problemen zu stellen, der erlebt als Frucht die Lebensfreude.

Die strukturelle und funktionelle Kompensation der Störung, die typischen Borderline-Spiele und die Installierung der Symbiose durch passives Verhalten sind alles Merkmale der Stagnationsphase.

Katalysator

Der Begriff Katalysator stammt aus der Chemie. Der Katalysator hat die Funktion einer Reaktion, d. h. die Funktion, einen chemischen Prozeß zu beschleunigen.

Analog dazu meint Katalysator bestimmte Formen von Bewußtseinsinhalten, die den Übergang von einer Prozeßphase in die andere beschleunigen. Der Katalysator von Phase I zu Phase II wäre die Bewußtheit, d. h. daß der Patient erkennt, daß fremd- und selbstzerstörerisches Verhalten nicht die Lösung sein kann. Er kapituliert vor seinem zerstörerischen Verhalten und sucht nach neuen Lösungswegen. Der Katalysator, um von der Stagnationsphase in die Polarisationsphase zu kommen, wäre die Bewußtheit der autonomen Bedürfnisse des freien Kindes. PERLS (1974, S. 45; zit. nach STAEMMLER, BOCK, 1987, S. 119) schreibt dazu: „Zuerst also verschafft der Therapeut einem Menschen, der zu ihm kommt, die Gelegenheit zu entdecken was er braucht."

Wie alle psychischen Störungen, so ist auch die Borderline-Störung ein Ausdruck eines Mangels, d. h. die Patienten haben nicht gelernt, bestimmte Bedürfnisse, die zum Leben und zum Zusammenleben notwendig sind, wahrzunehmen. Grundsätzlich liegt ein Lerndefizit vor, die Bedürfnisse auf eine angemessene Art und Weise zu befriedigen. Stattdessen investieren sie alle Energie, die Umwelt so zu manipulieren, daß sie ihre Bedürfnisse befriedigen sollen, was natürlich nicht gelingt. Wie schon beschrieben, handelt es sich bei den Borderline-Störungen vorrangig um spezifische Bedürfnisse, die in den entsprechenden Entwicklungsphasen nicht befriedigt, phasenspezifische Aufgaben, die nicht gelernt (Lerndefizit), und phasenspezifische Probleme, die nicht gelöst wurden.

4.6.1.3. Polarisationsphase:

Wie oben erwähnt, ist die Borderline-Störung auch als ein spezifisches Mangelsyndrom zu verstehen. In der Phase der Polarisation nun wird dieses Problem nicht mehr nach außen verlagert, sondern die Verantwortlichkeit nimmt zu, und der Betroffene sieht, daß die Schwierigkeiten und der Mangel etwas mit einem selbst zu tun haben. In der Phase der Polarisation ist es zentral, prägnant herauszuarbeiten, wie der Patient es schafft, seine Bedürfnisse nicht zu befriedigen. Der Fokus liegt auf dem Vermeidungsverhalten. Dieses Vermeidungsverhalten nennt man in der Phase der Polarisation den kontraktiven Pol. Der entsprechende expansive Pol wäre die Wahrnehmung der autonomen Bedürfnisse des freien Kindes.

Der Katalysator, um von Phase III in Phase IV zu kommen, ist, die Bewußtheit des kontraktiven Pols auf dem Hintergrund des expansiven Pols zu erreichen.

Im Höhepunkt der Polarisation, in dem das ganze Ausmaß des kontraktiven Pols bewußt wird, steigt die innere Spannung und der Patient kommt in die IV. Phase.

4.6.1.4. Diffusionsphase:

In der Diffusion nehmen die innere Fluktuation und das Chaos zu, da der borderline-spezifische Bezugsrahmen sich auflöst. Die

Folge davon sind Verwirrung, Leere, Denkblocks bis hin zur Minipsychose. Durch den Katalysator der Bewußtheit der Verwirrung wird der Übertritt in die V. Phase beschleunigt.

4.6.1.5. Kontraktionsphase:

Die Kontraktionsphase nennt man auch die Todesschicht. Jetzt werden die ganzen vermiedenen Gefühle und die spezifischen Borderline-Ängste durchgearbeitet, wie z. B.: Angst vor Fragmentierung, Angst vor Verschlungenwerden, Vernichtung, Identitätsverlust, etc. Wichtig in dieser Phase ist es nicht, im Gegensatz zur Therapie von neurotischen Patienten, die Gefühle regressiv auszuleben, sondern es geht bei Borderline-Patienten eher darum, die Erwachsenen-Ich 2-Funktionen nicht zu suspendieren oder in vorherige Phasen, nämlich Phase II und Phase I, zurückzufallen.

Der Katalysator, um von der Kontraktionsphase in die Expansionsphase zu kommen, ist die Bewußtheit dieser Ängste.

4.6.1.6. Expansionsphase:

In der Expansionsphase fühlt sich der Patient befreit und hat das Gefühl, daß er „durch ist". Strukturell gesehen fühlt sich das unbefangene Kind befreit und das Erwachsenen-Ich 2 kooperiert mit dem freien Kind. Durch die Energiebesetzung des freien Kindes fühlt sich der Patient mit sich selbst identisch und autonom. Jetzt können Neuentscheidungen getroffen und alte Skriptbotschaften korrigiert werden.

Der Katalysator, um von Phase VI in Phase VII zu kommen, ist die Bewußtheit, daß dieses neue Verhalten gelernt und eingeübt werden muß.

4.6.1.7. Transferphase:

In der Transferphase übernimmt nun das Erwachsenen-Ich 2 die Führung, und der Patient wird sich bewußt, daß er nun die innere Wahlfreiheit hat, sich entweder für sein destruktives Verhalten zu entscheiden oder für das neue Verhalten, das zur Autonomie führt. Mit dieser Wahlfreiheit ist allerdings auch seine Verantwortlichkeit verbunden, seine Energie in seine Genesung zu investieren.

Bei der Behandlung von Borderline-Patienten dient dieses Prozeßmodell nicht nur zur emotional-energetischen Transformation wie bei den Neurosen, sondern es geht im Wesentlichen darum, die kognitiven Funktionen, d. h. die Erwachsenen-Ich 2-Funktionen so zu stärken, daß die Bewußtheit über alle Phasen aufrechterhalten werden kann. Dazu ist allerdings der Patient am Anfang kaum in der Lage, da es sich nicht um eine Konfliktpathologie, sondern um eine Entwicklungspathologie handelt.

Bei der Prozeßarbeit müssen nicht immer idealtypisch alle Phasen chronologisch durchlaufen werden. Oft werden einzelne Phasen übersprungen. Entscheidend ist, daß der Patient die Expansionsphase erlebt und lernt, sich seinem inneren Prozeß anzuvertrauen. In der Regel wird er später immer wieder durch diesen Prozeß hindurchgehen, wenn neue Schwierigkeiten entstehen und er so eine Anleitung hat, die inneren Prozesse zu verstehen und ihnen zu vertrauen.

In der Expansionsphase kommt es in der Regel zu dem typischen Borderline-Phänomen „Scheitern am Erfolg". Das heißt, daß sich die Patienten, wenn sie erfolgreich durch den Prozeß durchgelaufen sind, systematisch wieder alles zerstören. Darin zeigt sich der typische Borderline-Widerstand, nämlich die Verweigerung der Autonomie.

Dieses Scheitern am Erfolg hat allerdings auch noch psychodynamische Gründe, denn durch das Erfolgreichsein wird die innere „Lebenstemperatur" erhöht. Die Patienten müssen bereit sein, daß sie durch die Erlangung der Autonomie sehr stark innerlich berührt werden und häufig Schmelzwasser fließt. D. h., daß sie ihre Streichelökonomie ändern und der ganze seelische Schmerz, der die Verweigerung der Autonomie verursacht, erlebbar wird.

4.7. Widerstand

Der Hauptwiderstand des Borderline-Patienten liegt in der Verweigerung seiner Autonomie und Identität. Es scheint so zu sein, daß die Hauptangst darin besteht, daß der Patient seine authentischen Gefühle und Bedürfnisse aus dem freien Kind entdecken und wahrnehmen könnte. Die Wahrnehmung dieser Gefühle und Bedürfnisse ist die Voraussetzung zur Identitätsbildung und zur Erlangung der Autonomie.

Auch das Phänomen „Scheitern am Erfolg", das man bei Borderline-Patienten antrifft, ist als Widerstandsphänomen zu deuten; denn erfolgreich sein heißt, sich zu individuieren und auf seine symbiotischen Wünsche zu verzichten.

Symbiotischer Widerstand

Im symbiotischen Segment kommt es zu einem symbiotischen Widerstand, der die Aufgabe hat, Identität abzuwehren (AMMON, 1981). Dieser Widerstand gegen Identität hängt mit überaus großen Schuldgefühlen zusammen, da in der Phantasie des Borderline-Patienten Identität mit einem Verrat an der Mutterfigur zu tun hat. Identität zu besitzen heißt in der Phantasie der Patienten, Verrat oder Mord an der „guten Mutter" im guten Segment. Die identitätslose Anpassung an die „gute Mutter" stellte früher die einzige Quelle der Versorgung dar.

Destruktives Ausagieren als Widerstand

Im bösen Segment dient das destruktive Ausagieren als Widerstand, um die phantasierten Tötungsimpulse unter dem Diktat des bösen Eltern-Ichs abzumildern. Die Fremd- und Selbstdestruktivität bekommt so eine lebensrettende Funktion. Diese beiden Formen des Widerstandes, der symbiotische Widerstand und Destruktivität als Widerstand, haben in der Phantasie des Patienten die Funktion von Erhaltungsmechanismen.

Der Preis, den der Borderline-Patient für diese phantasierten Erhaltungsmechanismen zu bezahlen hat, ist extrem hoch. Der Preis ist die aktive Spaltung mit all ihren Hilfsmechanismen und die borderline-spezifischen Ängste.

Grundlegende Entscheidung

Der Patient steht nun vor einer wichtigen Entscheidung, ob er das Neue, Lebendige wagen und die Verantwortung für sein Leben in die eigenen Hände nehmen, oder ob er seiner inneren Pathologie nachgeben will. Entscheidet er sich gegen seine Krankheit, dann muß er am Anfang der Therapie in Kauf nehmen, all die spezifischen Ängste zu ertragen und durchzustehen, damit er anhand der Realität erkennen kann, daß all diese Ängste Phantasien seiner inneren Realität sind. So kann er diese inneren Phantasien an der äußeren Realität korrigieren.

Je mehr Erfahrung er auf dem Weg der Individuation sammelt, umso mehr wird er erleben, daß er nicht hilflos seiner inneren Phantasie ausgeliefert ist, sondern daß er die Entscheidungsmöglichkeit hat, seine alten Ängste zu aktivieren, um sich selbst und dem Leben zu verweigern, oder ob er trotz dieser alten Phantasien ja zu sich und seinem Leben sagt und so neue Erfahrungen machen kann. Diese neuen Erfahrungen werden sich dann auf sein inneres Erleben auch wieder rückwirkend positiv auswirken.

Entscheidet er sich allerdings dazu, sich seinen alten Ängsten zu überlassen, und setzt er ihnen keinen gesunden Widerstand entgegen, so erreicht er, daß die äußere Realität verleugnet wird und die inneren Phantasien bestimmen, was zu sein hat und was nicht.

Psychotherapie kann nur erreichen, daß der Patient die Wahlfreiheit seiner Entscheidung wiedererlangt. In Anlehnung an FREUD (1923): das Erwachsenen-Ich in die Lage zu versetzen, sich so oder so zu entscheiden, der Rest ist die Sache des Patienten selbst.

In dieser Entscheidungsfreiheit liegt die Würde und Freiheit des Menschen begründet. Damit allerdings beginnt auch die

Verantwortlichkeit des Patienten, daß er sich nun so oder so entscheiden kann. Damit wird der Borderline-Patient, wie alle Menschen auch, vor die Entscheidungsfreiheit gestellt, die in der Bibel folgendermaßen ausgedrückt wird:

Leben und Tod lege ich Dir vor,
Segen und Fluch.
Wähle also das Leben, damit Du lebst
und Deine Nachkommen.
(Deuteronium 30/19)

4.8. Die Selbsthilfegruppe der Borderline-Anonymous (BA)

Die Selbsthilfegruppe der Anonymen Alkoholiker wurde vor 56 Jahren von zwei hoffnungslosen Trinkern, einem Börsenmakler und einem Chirurgen gegründet. Diese beiden Männer, Bill und Bob, machten die Erfahrung, daß der Drang zum Trinken verschwand, wenn sie sich offen und ehrlich über ihre negativen Erfahrungen mit dem Alkohol unterhielten. In diesem Erfahrungsaustausch wurde deutlich, daß kontrolliertes Trinken nicht möglich ist und, daß eine lebenslange Abstinenz die Voraussetzung zur Genesung ist. Zum anderen entdeckten sie das erstaunliche Phänomen, daß einem Alkoholiker am besten durch einen trockenen Alkoholiker geholfen werden kann. So entstand im Laufe der Zeit die Gemeinschaft der Anonymen Alkoholiker mit ihrem 12-Schritte Programm und ihren 12 Traditionen.

Das 12-Schritteprogramm ist ein spirituelles Genesungsprogramm, das sich als außerordentlich erfolgreich erwiesen hat. Aus diesem Grunde wurde dieses Programm im Rahmen der Selbsthilfebewegung von Menschen mit verschiedenartigen Problemen übernommen. Es entstanden verschiedenen A-Gruppen:

Overeaters Anonymous (OA)
Emotion Anonymous (EA)

Narcotics Anonymous (NA)
Gambler Anonymous (GA)
Sexaholics Anonymous (SA)
Loveaddicts Anonymous (LA)
Incest Anonymous (IA) usw.

In unserem Klinikkonzept sind von Anfang an die Selbsthilfegruppen der A-Bewegung enthalten. Jede Woche finden innerhalb und außerhalb der Klinik diese A-Gruppen statt. Sie werden regelmäßig von den Patienten besucht. Das Klima in unserem Hause wird unter anderem wesentlich von dem geistigen Gedankengut der A-Bewegung mitgeprägt.

Aus diesem Grunde ist es nicht verwunderlich, daß ehemalige Borderline-Patienten aus unserem Hause die Gründung einer Borderline Anonymous-Gruppe (BA) initiiert haben. Inzwischen ist die BA offiziell als eine Anonyme Gruppe anerkannt worden.

4.8.1. Die 12 Schritte

Die 12 Schritte der BA lauten:

1. Wir gaben zu, daß wir unserer Destruktivität gegenüber machtlos sind und unser Leben nicht mehr meistern konnten.
2. Wir kamen zu dem Glauben, daß nur eine Macht – größer als wir selbst – uns unsere geistige, seelische und körperliche Gesundheit wiedergeben kann.
3. Wir faßten den Entschluß, unseren Willen und unser Leben der Sorge Gottes – wie wir ihn verstanden – anzuvertrauen.
4. Wir machten eine gründliche und furchtlose Inventur von unserem Inneren.
5. Wir gaben Gott, uns selbst und einem anderen Menschen die genaue Art unserer destruktiven Verhaltensweisen zu.
6. Wir waren völlig bereit, alle diese destruktiven Verhaltensweisen von Gott beseitigen zu lassen.
7. Demütig baten wir ihn, uns von unseren Mängeln zu befreien.

8. Wir stellten eine Liste aller Personen auf, denen wir Schaden zugefügt hatten und wurden bereit, ihn bei allen wieder gutzumachen.
9. Wir machten bei diesen Menschen alles wieder gut, wo immer es möglich war, es sei denn, wir hätten dadurch sie oder andere verletzt.
10. Wir setzten die Inventur bei uns fort und sobald wir einsahen, daß wir Unrecht hatten, gaben wir es sofort zu.
11. Wir suchten durch Gebet und Besinnung die bewußte Verbindung zu Gott – wie wir ihn verstanden – zu vertiefen. Wir baten ihn nur, uns seinen Willen erkennbar werden zu lassen und uns die Kraft zu geben, ihn auszuführen.
12. Nachdem wir durch diese Schritte ein spirituelles Erwachen erlebt hatten, versuchten wir, diese Botschaft an andere Menschen mit einer frühen Störung weiterzugeben und unser tägliches Leben nach diesen Grundsätzen auszurichten.

Durch den Verzicht auf destruktives Verhalten, das Besuchen der Meetings und das Arbeiten im Programm, vollzieht sich eine tiefgreifende, langsame Persönlichkeitsveränderung (EDELMANN 1990, S. 24).

Nach unserer jetzigen Erfahrung profitieren ehemalige Patienten der Klinik entscheidend von diesem 12-Schritte Programm. Ob dies auch, wie bei den anderen A-Gruppen, ohne vorausgehende therapeutische Hilfe möglich ist, bleibt abzuwarten.

4.8.2. *Auszüge aus zwei Lebensgeschichten von BA-Mitgliedern* *

1.

„Ich bin Anna (Name geändert), Borderline-Störung, sexsüchtig, Alkoholikerin, medikamentenabhängig, eßsüchtig und arbeitssüchtig. Bis

* Die beiden Lebensgeschichten sind aus EDELMANN (1990, S. 24-28) entnommen.

ich zu den A-Gruppen kam, hatte ich permanent Angst vor allem Möglichen, aber hauptsächlich vor Menschen.

Ich habe einen 4 1/2 Jahre älteren Bruder. Kurz nach meiner Geburt ging mein Vater ins Ausland und meine Mutter war mit uns zwei überfordert. In den folgenden 7 Jahren sind wir öfters umgezogen, von einem Kontinent zum nächsten. Um mit meiner Angst und meiner Schüchternheit und meinem ständigen Gefühl von Unsicherheit fertig zu werden, habe ich mich bereits mit 4 Jahren in eine Phantasiewelt geflüchtet, zwanghaft onaniert und gefressen. Dieses Suchtverhalten wurde immer schlimmer; ich wurde immer depressiver, zumal ich auch immer das Gefühl hatte, ein schlechtes Kind zu sein, da mein Bruder bevorzugt wurde.

Dies führte dazu, daß ich zwischen 12 und 16 kaum gesprochen habe, mit den Eltern gar nicht, nur etwas mit einer Schulfreundin und ansonsten nur mit meinem Hund. Mit 16 habe ich Alkohol entdeckt und damit meine Schüchternheit überwunden. Ab 17 ging meine Sexsucht vom zwanghaften Onanieren und Pornographiegebrauch in Promiskuität, Prostitution und Masochismus über. Als nach dem Abitur die Struktur, die durch die Schule gegeben war, wegfiel, ging nichts mehr außer Sucht. Mit 23 habe ich dann angefangen an mir herumzuschnibbeln, gleichzeitig traten die ersten psychotischen Episoden auf, und ich lernte verschiedene Neuroleptika kennen.

Mit 25 mal wieder ein Suizidversuch, den ich fast nicht überlebt hätte.

Dann fing die Wende in meinem Leben an. Mir wurde klar, daß ich mich entscheiden mußte, ob ich leben wollte oder nicht. Ich habe mich damals für das Leben entschieden. Im Jahr darauf starb meine Mutter, ich hatte einen Nervenzusammenbruch und kam in die Psychiatrie. Dort riet mir ein Psychologe in A-Gruppen zu gehen, meine Süchte aufzugeben und meine Probleme zu bearbeiten. Nach 18 Monaten in EA, OA und AA war ich frei von Eßsucht, Alkohol- und Medikamentenabhängigkeit. Ich wurde bereit zu sehen, daß ich auch sexsüchtig war. Ich ging zu AS und versuchte, sexuell trocken zu werden. Nach einem halben Jahr wurden meine psychotischen Anfälle wieder häufiger und wesentlich schlimmer. In dieser Zeit wurde in einer Nachbarstadt eine BA aufgemacht und ich ging sofort hin. Der Besuch der BA-Meetings brachte mir viel.

Zunächst war es gut zu merken, daß ich mit meiner Selbstzerstörung nicht allein bin, und daß es einen Weg raus gibt. Von denen, die schon weiter waren als ich, konnte ich viel lernen. Und ich hatte einen Ort, wo ich über Selbstzerstörung reden konnte, ohne das Gefühl zu haben, von einem anderen Stern zu sein.

Es war gut in BA, nochmals neu mit den Schritten anzufangen: zu kapitulieren, Glauben zu finden, daß mir Gott auch hier helfen würde, so wie er mir die recht mühelose Abstinenz von Essen, Alkohol und Medikamenten gegeben hatte. Endlich durfte ich frei von meiner Sexsucht werden, was für mich ein bedeutender Schritt in Richtung Genesung war, auch von Psychosen, und damit eine Grundlage, konstruktiv an meiner Borderline-Störung zu arbeiten.

Heute geht es mir die meiste Zeit gut, ich habe gelernt, im Alltag für positive Aufmerksamkeit zu sorgen, ich bin viel gelassener als früher und schaffe es langsam, meine sonstige Lebensqualität zu verbessern. Ganz allmählich werde ich fähiger, tragfähige Beziehungen aufzubauen und kann akzeptieren, daß ich für alles ein bißchen länger brauche. BA und andere A-Gruppen sind für mich weiterhin wichtig, um meine Erfahrungen, Kraft und Hoffnung weiterzugeben, meinen Glauben zu nähren, und von anderen zu lernen. Das Programm ist für mich zum Weg, zur Gesundheit geworden, und ich wende diese Prinzipien auf alle Lebensbereiche an. Damit komme ich allmählich klar im Leben. Ich habe das Gefühl, ich bin ein ganz anderer Mensch geworden. Vorher totale Abhängigkeit, unfähig, Verantwortung zu übernehmen. Psychiatrieaufenthalte, Zwangseinweisung.

Heute bin ich glücklich, zufrieden, kann mich freuen und für mich sorgen. Ich kann akzeptieren, daß es wohl noch dauern wird, bis ich eine gesunde Zweierbeziehung leben kann. Das schreckliche Gefühl, anders als andere Menschen zu sein, ist weg. Ich glaube jetzt wirklich, daß ich ein normales Leben führen kann, ich sehe, wieviel ich bisher geschenkt bekommen habe und werde fähig, das auch anzunehmen."

2.

„Ich bin Susi (Name geändert), mehrfachsüchtig und frühgestört und auf dem Weg der Genesung, auf dem Weg mit Gott. Ich bin jetzt seit gut 4 Jahren in A-Gruppen und seit 2 1/2 Jahren in BA. Kapituliert habe ich Anfang 86, als ich mich in Grönenbach anmeldete. Mir war klar, daß ich aus allem eine Sucht machen konnte. Es war für mich nicht besonders schwer, mit einer Sucht aufzuhören, da ich genügend andere zur Verfügung hatte. Ich wollte aber ganz damit aufhören, schaffte es aber nicht allein, und ich hatte Angst, daß ich Selbstmord machen würde, obwohl oder weil ich es nicht mehr wollte. Ein halbes Jahr zuvor hatte ich mir klarmachen lassen, daß Selbstmord keine Lösung ist und hatte mich dagegen entschieden. Doch damit wurde es schlimmer. Ich merkte, daß ich keine Kontrolle über meine Phantasien und Gedanken hatte.

Durch die Meetings wurde mir langsam klar, daß es einen Gott gibt, der von dem Bedrohlichen meiner Eltern total verschieden ist, einen Gott, der bereit war, auch mir zu helfen, obwohl ich mich für zu schlecht hielt.

Heute ist mir klar, daß Gott mir schon immer geholfen hat. Bei meiner Kindheit ist es echt ein Wunder, daß ich noch lebe. Ich lerne, das immer mehr zu sehen und auch gefühlsmäßig zuzulassen. Es erfüllt mich mit tiefer Dankbarkeit und es tut sehr weh und macht mich traurig. Und gerade im Schmerz habe ich die innigste Verbindung zu Gott und das Gefühl, daß für mich gesorgt wird, daß ich geliebt werde, daß ich nicht alles allein machen muß, daß ich o. k. bin, und daß ich keine Angst haben muß.

Ich war ein unerwünschtes Kind, wurde geduldet, weil ich gebraucht wurde und für alles verantwortlich gemacht wurde, war an allem schuld. Ich wußte nie, was meine Mutter von mir wollte, alles war falsch. Bis 3 hatte ich eine Beziehung zu einem Hund, der nicht mehr fressen wollte, als wir wegzogen. Gegen meine zwei jüngeren Brüder wurde ich aufgehetzt, so daß keine gute Beziehung entstehen konnte. Mit 5 bekam ich nochmals einen Bruder, in den ich meine ganze Hoffnung setzte, dem ich all meine Liebe gab, geben durfte. Ich spürte endlich eine Verbindung, etwas Gemeinsames.

Doch 3 Jahre später war Schluß. Er fiel aus dem Zug, meine Mutter und ich waren dabei. Meine Mutter wollte dann mit mir Selbstmord machen. Und da habe ich sie endlich erreicht, zum ersten und einzigen Mal. Sie hat mir endlich zugehört.

Vor kurzem habe ich beschlossen, das Thema „Tod" nicht mehr zu benutzen, um mich lebendig zu machen. Ich habe die Faszination daran an Gott abgegeben. Und ich bekam die Antwort auf die Frage, was mich daran so fasziniert. Dieses Thema weckte bei mir die Hoffnung, meine Mutter zu erreichen, meine Mutter zu finden und damit mich selbst. Und dann bräuchte ich nicht umherirren und nicht wissen, wer ich bin.

Jetzt bin ich dabei, den Wunsch nach einer Mutter an Gott abzugeben, Gott als Mutter anzunehmen. Und das ist schwer, weil ich noch nicht verzichten will. Ich weiß im Kopf, daß es sein muß, doch im Bauch ist das totale Chaos, der totale Widerstand. So als wäre das das Letzte, was ich noch habe, so als wäre ich nur dieser Wunsch und würde aufhören zu existieren, wenn ich verzichte. Als Kind habe ich gelernt, daß es am wenigsten bedrohlich für mich ist, wenn ich brav, angepaßt und unauffällig bin, wenn ich die Wünsche meiner Eltern erfühle und erfülle, wenn ich mich zurückziehe, leise bin, ja eigentlich gar nicht bin. Die Worte der Eltern anzuzweifeln war gefährlich, sie haben immer recht, sie wissen alles. Ich durfte nicht spüren, daß bei mir gefühlsmäßig was anderes ankam als das, was sie sagten. Und ich lernte, um zu überleben. Noch heute nehme ich meistens alles wörtlich und merke nicht, wenn es der andere gar nicht so meint.

Noch etwas Wichtiges möchte ich erzählen. Ich merkte in den A-Gruppen ziemlich schnell, daß es bei mir nicht um Charakterfehler, wie Lügen usw. ging. Als ich in BA von destruktiven Verhaltensweisen hörte, spürte ich sofort, das ist mein Hauptproblem. Und mir wurde unangenehm bewußt, daß für mich vor allem eine Positiv-Inventur wichtig war. Negativ-Inventur machte ich dauernd, zusammen mit Selbstabwertung und Selbstbestrafung, und Wiedergutmachung mußte ich bei mir anfangen, da ich real fast nur mir geschadet habe. Anfangs*

---

* Inventur ist die Erstellung einer Lebensbilanz im Rahmen des 4. Schrittes des 12-Schritte-Programms.

dachte ich in BA oft, daß ich nicht dazugehöre, nicht dasein darf. Anderen ging es auch so. Inzwischen habe ich in BA nur noch selten das Gefühl, daß ich nicht dasein darf oder Bestimmtes tun oder sagen muß, um dasein zu dürfen. Meist kann ich darüber lachen. Ich bin froh, daß es BA gibt, und daß das BA-Netz immer dichter wird.

Die Entscheidung für Gott lohnt sich. Er kann mir helfen, er ist immer verfügbar. Er weiß wirklich, was und wie es für mich am besten ist. Er läßt mich viel ausprobieren und findet immer wieder eine Lösung, wenn ich in meiner Ungeduld mal wieder einen Fehler gemacht habe. Seine Lösungen sind besser als meine Phantasien. Die Abhängigkeit von Gott ist die einzige Abhängigkeit, die auf Dauer glücklich macht."

5. Nachuntersuchung

5.1. Nachuntersuchung I (SUDERMANN, 1990): Einzelfallstudien

5.1.1. Einleitung

Im Rahmen einer Diplomarbeit (SUDERMANN, 1990) wurde eine katamnestische Nachuntersuchung in Form von vier Einzelfallstudien ehemaliger Patientinnen ca. ein Jahr nach Beendigung der stationären Therapie durchgeführt. Diese katamnestische Untersuchung befaßt sich unter anderem mit den Veränderungen der Patientinnen nach der Klinikbehandlung.

Die Methodik und das Ziel der Untersuchung ist nicht die quantitative Messung von Therapieeffekten, sondern die **interpretative Rekonstruktion der subjektiven Sicht- und Erlebnisweisen** der Patientinnen hinsichtlich ihrer Erkrankung und Therapie.

5.1.2. Ergebnisse der Untersuchung

Im Rahmen dieser Arbeit können die Ergebnisse nur thesenartig zusammenfassend dargestellt werden. Die ausführliche Darstellung kann in SUDERMANN (1990) nachgelesen werden. Die folgende Zusammenfassung der Untersuchungsergebnisse hat uns Frau SUDERMANN dankenswerterweise zur Verfügung gestellt:

Es ergaben sich durch die Erfassung der Subjektsicht in den Interviews folgende Erkenntnisse: Die Theorie des Borderline-Syndroms fand sich hinsichtlich der Phänomenologie im wesentlichen bestätigt. In den theoretischen Überlegungen zu der Genese des Borderline-Syndroms wird besonders die problematische Mutter-Kind-Beziehung als eine entscheidende Ursache betont. Die Bedeutung des Vaters wird in der Fachliteratur eher vernachlässigt.

In den Interviews bestätigte sich bei allen Befragten eine konflikthafte, sehr enge Beziehung zur Mutter. Zusätzlich wurde jedoch eine negative Beziehung zum Vater als der wichtigste Faktor für die Entstehung des Borderline-Syndroms angegeben. Ausschlaggebend waren dabei besonders traumatische Erlebnisse mit dem Vater, wie zum Beispiel sexueller Mißbrauch.

Hinsichtlich der Nachvollziehbarkeit des Erlebens der Therapie erwies sich die Erfassung der subjektiven Sichtweisen in der Untersuchung als aufschlußreich. Für die Therapie, nicht nur bei Borderline-Patientinnen, ist es wichtig, zu erfahren, wie frühere Situationen und Ereignisse subjektiv erlebt wurden. Bereits in der frühen Kindheit werden „Skriptentschlüsse" gefaßt, die die subjektiven Erlebensweisen integrieren und im weiteren Leben bedeutsam bleiben können. Die individuelle Erfahrung der Borderline-Therapie und des Lebens danach ist insofern interessant, als innerhalb der Borderline-Gruppe versucht wird, den Patientinnen neue, fördernde „Skriptbotschaften" mitzugeben. Dieser Anspruch läßt sich mit der Darstellung der subjektiven Sichtweisen überprüfen, und es lassen sich mögliche und notwendige Anregungen zur Weiterentwicklung der Therapie formulieren.

Weiterhin ergab sich aus den Interviews, daß man die Krankheit Borderline-Syndrom als das **Resultat eines Prozesses der Lebensbewältigung** auffassen kann. Einige Symptome der Borderline-Störung werden unbewußt aktiv eingesetzt, damit ein Überleben in dem spezifisch gegebenen Lebensraum möglich wird. Dieser Aspekt, der die Krankheit als eine unbewußte und notgedrungen gewählte Lebensform beschreibt, ist in der theoretischen Bearbeitung der Krankheit meines Erachtens noch nicht ausreichend erfaßt worden. Gerade in der Auseinandersetzung mit der subjektiven Sichtweise Betroffener wird die Entwicklung zu einer Borderline-Persönlichkeit rekonstruier- und nachvollziehbar.

Als eine weitere Veränderung während und nach der Therapie in Grönenbach ergab sich bei allen Befragten, daß sie **bewußter und reflektierter mit sich und ihren Schwierigkeiten umgehen.**

Dieses ist sicherlich einerseits eine Folge der häufigen Auseinandersetzung mit der Borderline-Symptomatik während und nach dem Aufenthalt, zum anderen wohl aber auch ein Effekt der Therapie. Ein Aspekt der Behandlung besteht darin, den Betroffenen Informationen über das Krankheitsbild zu geben und ihnen die räumlichen Strukturen (den Schutz- und Schonraum Klinik) anzubieten, in denen eine intensive Beschäftigung mit ihrer Krankheit möglich wird.

Den Betroffenen selbst kann dadurch ihre Symptomatik und ihr Verhalten verständlich und nachvollziehbar werden, und sie werden zur aktiven Auseinandersetzung mit ihren Schwierigkeiten aufgefordert.

Bei allen Interviewpartnerinnen kristallisierte sich heraus, daß das **Thema „Beziehungen" hinsichtlich Aufrechterhalten derselben und Konfliktbewältigungen für sie wichtiger geworden waren.**

Vorher war dies mehr ein Bereich, an dem sich viele Schwierigkeiten in der Form manifestierten, daß Beziehungen entweder sehr lose und unverbindlich waren, oder stark symbiotischen Charakter hatten.

Die **Veränderungen und Erweiterungen der sozialen Kompetenzen** können als Erfolge der Gruppentherapie und therapeutischen Gemeinschaft betrachtet werden. Eine Erweiterung ihrer sozialen Kompetenzen zeigte sich bei den Gesprächspartnerinnen auch in der Art, wie ich sie als Interviewerin erlebte. Alle Interviews fanden bei den Frauen zu Hause statt. Bis auf eine Befragte, die übergangsweise bei ihren Eltern lebte, hatten alle eine ansprechende und einladende Wohnung. Jede bewirtete mich mit Getränken, die Interviews fanden in offener und freundlicher Atmosphäre statt. Insgesamt hatte ich bei allen Interviewteilnehmerinnen den Eindruck von im „**Leben stehender Personen**".

Bezüglich des Therapiekonzeptes für „Borderline" innerhalb der Klinik möchte ich einige weiterführende Gedanken, die sich aus der inhaltlichen Analyse der Interviews ergaben, anfügen.

Zum Stichwort FAMILIE:

Die Familie wurde von den Befragten als ein wesentlicher krankmachender Faktor gewertet. Eine enge Beziehung zur Mutter (das nicht Loslassen-können) und negative Erlebnisse mit dem Vater (sexueller Mißbrauch, Ignoranz) bestimmen die Gefühlslage der Interviewten innerhalb ihrer Familie.

Diese persönlichen Sichtweisen über die Genese ihrer Krankheit sind neben dem tatsächlichen Einfluß der Familie wohl auch durch die stationäre Therapie deutlicher geworden; denn in der Therapie ist die Klärung der Familienstrukturen und deren pathogene Mechanismen ein wichtiges Thema.

In der Literatur werden die Beziehungen zu den ersten Bezugspersonen vor allem bezüglich des Einflusses auf die Entstehung des Borderline-Syndroms betrachtet. Dabei wird jedoch meistens die Mutter als entscheidende Bezugsperson beschrieben, aufgrund ihrer klammernden und somit der Autonomie des Kindes entgegenwirkenden Verhaltensweisen. Wie bereits oben erwähnt, bleiben die Stellung des Vaters und sein mitunter negativer Einfluß auf die Entwicklung des Kindes in der Forschung oft unberücksichtigt.

Bezogen auf eine Therapie wäre meines Erachtens eine Erweiterung des Ansatzes dahingehend sinnvoll, daß den besonderen Stellungen der ersten Bezugspersonen und/oder der Familie Rechnung getragen wird und entsprechend thematisiert wird: Der Faktor Familie sollte über ihren mitverursachenden Einfluß und eine nachträgliche Schuldzuweisung von den Patientinnen an die Eltern/Verwandten hinaus reflektiert werden. Denkbar wäre ein stärkeres Einbeziehen der Eltern in die Therapie und die

Auseinandersetzung mit ihnen innerhalb des geschützten Rahmens der Klinik.

Inwieweit natürlich eine effektive Auseinandersetzung stattfinden kann, hängt sehr stark vom Interesse und der Bereitschaft der Eltern und der Geschwister ab. Eine familientherapeutische Erweiterung des psychoanalytischen Konzeptes der Therapie von Borderline-Patienten entspräche der Relevanz der Familiendynamik bei der Genese des Borderline-Syndroms.

Zum Stichwort EIGENVERANTWORTLICHKEIT:

Die im Grönenbacher Borderline-Therapiekonzept formulierten allgemeinen Ziele der psychotherapeutischen Behandlung sind die Hilfe zur Selbsthilfe und die Förderung der Eigenverantwortlichkeit und der sozialen Wahrnehmung.

Die Situation in der Klinik kann besonders für Patientinnen, deren Behandlung über einen längeren Zeitraum geht, wie es für Borderliner der Fall ist, widersprüchlich zu den proklamierten allgemeinen Therapiezielen werden. In der Klinik werden die Patientinnen weitgehend versorgt, d. h. sie bekommen alle Mahlzeiten, die Hausordnung regelt weite Bereiche des Kliniklebens. Gerade für Borderline-Patientinnen, die 9 bis 10 Monate in der Klinik leben, wäre eine Autonomisierung bezüglich der alltäglichen Lebensgestaltung sicherlich förderlich. Denkbar wären Wohneinheiten, in denen kleinere Wohngruppen mit eigener Küche und Wohnzimmer etwas unabhängiger vom geregelten Klinikleben sich selbständig versorgen können und die Möglichkeit haben, Verantwortung – nicht nur im psychischen Bereich – für sich zu übernehmen.

Zum Stichwort SELBSTBILD UND DIAGNOSE:

In den Interviews wird deutlich, daß alle Befragten die Diagnose Borderline-Syndrom erstmals während ihres Aufenthaltes in Grönenbach erhielten. Auf die direkte Frage gaben alle Forschungspartnerinnen an, zum Zeitpunkt des Interviews, also nach der stationären Therapie, sich als kranke Persönlichkeiten zu betrachten. Auffallend an diesen Aussagen ist, daß keine der Befragten dieses Selbstbild vor ihrem stationären Aufenthalt in Grönenbach, also auch vor der Diagnose Borderline-Syndrom hatte.

Durch die Diagnose und die damit verbundene Auseinandersetzung mit der spezifischen Symptomatik und die ständige Reflexion darüber, was gesund und was krank ist, scheint bei den Befragten eine Veränderung in ihrer Selbstsicht eingetreten zu sein. Die Annahme liegt nahe, daß die Internalisierung der Krankheit das Selbstbild der Patientinnen als kranke Persönlichkeiten gesteigert hat.

Möglicherweise wäre es förderlicher für die Patientinnen, wenn nur einzelne kranke Anteile des Verhaltens oder Denkens in der Therapie bewußt gemacht würden, als zu Beginn der Borderline-Therapie mit einer Diagnose Borderline-Syndrom vermittelt zu bekommen, insgesamt krank zu sein. Der Sinn der Diagnose Borderline-Syndrom ist aus der Sicht der Betroffenen in Frage zu stellen, der Nutzen der Bekanntgabe ihrer Diagnose scheint für sie nur sehr gering zu sein; wie aus den Interviews deutlich wurde, haben ihre Probleme damit zwar eine Bezeichnung und die Betroffenen fühlen sich nicht mehr so isoliert und anormal mit ihren Schwierigkeiten. Wie eine Befragte jedoch in ihrer letzten Stellungnahme bemerkt, und ROHDE-DACHSER (1989) in dem Vorwort ihres Werkes erwähnt, wird das Borderline-Syndrom als Stigma sehr belastend erlebt, da es die Betroffenen für die Gesellschaft zu Schwerkranken stempelt. Ursprünglich hoffte man mit einer differenzierteren Diagnostik mehr Betroffene vor der stigmatisierenden Diagnose Schizophrenie bewahren zu können. Interessant ist, daß innerhalb der Klinik eine Stigmatisierung durch die Diagnose Borderline-Syndrom kaum stattfindet. Von Borderline-Patientinnen besteht dort der Mythos, in ihren Verhaltensweisen besonders klar und bewußt zu sein.

In der Untersuchung wurden neben den inhaltsanalytischen Auswertungen der Einzelinterviews übergreifende Quervergleche zu verschiedenen Themen durchgeführt. Daraus ergab sich der Versuch, spezifische Kategorien für „Therapieerfolg" zu formulieren. Es wird versucht, bestimmte Bereiche anzugeben, in denen Personen einerseits Beeinträchtigungen durch ihre Borderline-Störung erleben können und in denen andererseits Änderungen durch eine Borderline-Therapie (im Sinne von möglichem „Therapieerfolg") stattfinden.

Die im folgenden aufgeführten Bereiche stellen die Themen der kontrastierenden Quervergleiche, in denen sich gleichzeitig auch die sichtbarsten Veränderungen durch die Therapie zeigten, dar. Zumindest in Ansätzen, manchmal auch weitgehend hat sich bei jeder Interviewpartnerin in diesen Bereichen eine Änderung in jene Richtung ergeben, die als „gesund" gilt.

Kriterien für erfolgreiche Therapie könnten sein:

a) **Das Einsehen der Notwendigkeit einer ambulanten Behandlung:**

   Inwieweit hat der/die Patient/in verstanden, daß eine stationäre Therapie, beispielsweise in Grönenbach, zunächst nur ein Anfang in der Behandlung des Borderline-Syndroms sein kann und eine ambulante Nachbehandlung sinnvoll und Teil der Therapie ist. Zu betrachten ist auch, inwieweit bei den Betroffenen das Bewußtsein vorhanden ist, daß es sich bei dem Gesundheitsprozeß um einen längeren Zeitraum von einigen Jahren handeln kann. Konkret auf die Handlungsebene bezogen bedeutet das, inwiefern sich die Patientinnen um eine ambulante Nachbehandlung kümmern und dort engagieren.

b) **Eine veränderte Sichtweise der eigenen Symptomatik:**

   Dabei ist weniger die quantitative Ausprägung der Symptome entscheidend, als vielmehr der Aspekt, wie das symptomatische Verhalten subjektiv bewertet und damit umgegangen wird. Eine kranke Form der Bewertung wäre, das symptomatische Verhalten als Möglichkeit zu benutzen, um sich abzuwerten und „niederzumachen". Entscheidend sind also die Veränderungen des internen Umgangs der Patientinnen mit ihren Symptomen.

c) **Entwicklung unabhängiger, aber trotzdem intensiver Beziehungsformen:**

Hierbei ist ebenfalls die interne Bewertung und der Umgang mit den Beziehungen entscheidend. Als typisch krank gelten dabei sehr enge, symbiotische Beziehungen oder gar keine persönlichen Bindungen. Es kommt auch häufig vor, daß sich das Leben nach einer symbiotischen Beziehung sehr unkontinuierlich und chaotisch entwickelt.

Wichtig ist es zu sehen, wie die Borderline-Patientinnen mit Ehrlichkeit, Konflikten, Distanz und Grenzen innerhalb einer Beziehung umgehen und diese aushalten. Ebenfalls bedeutsam ist, inwieweit und ob überhaupt Kontakt zur Klinik besteht, oder eine Verbindung zu den Therapeutinnen der Klinik.

d) **Fähigkeiten zur genußvollen Sexualität:**

Oft ist es so, daß Borderline-Persönlichkeiten unrealistische und illusionäre Vorstellungen von dem/der Partner/in haben (eine gewisse psychische Reife also noch fehlt). Sexuelles Erleben ist bei Borderline-Patientinnen oft abgespalten, d. h. daß es nicht gespürt wird. Mit dem Hintergrund eines sexuellen Mißbrauchs, der in dieser Untersuchung in 3 von 4 Fällen vorkam, wird es verständlich, wenn Sexualität als ein durch traumatische Erlebnisse geprägter Bereich dem Erleben durch Spaltung entzogen wird. Ein Kriterium dabei ist, daß Sexualität genußvoll erlebt werden kann.

e) **Feste berufliche und sonstige Strukturen werden gelebt:**

Zentrales Thema ist hier, ob die ehemaligen Patientinnen in sozialen Strukturen wie Beruf und Wohnung eingebunden sind, und wie sie dies erleben. Dieser Punkt ist wichtig hinsichtlich der Frage, ob Kontinuität und Regelmäßigkeiten ausgehalten und erhalten werden können.

f) **Rückgang, bzw. Ausbleiben von Krankenhaus- und Psychiatrieaufenthalten:**
Es ist zu klären, ob Rückfälle in psychoseähnliche Zustände vorkamen, oder Suizidversuche. Auch ist das Auftreten und/oder Ausbleiben von anderen Krankheiten, die möglicherweise als ein Ausdruck für eine Verschiebung von psychischen Problemen auf eine somatische Ebene anzusehen sind, von Bedeutung.

Wie bereits zu Beginn erwähnt, ließen sich bei allen Interviewpartnerinnen positive Entwicklungen innerhalb der oben genannten Bereiche finden. Man kann also für alle Befragten die Therapie als erfolgreich, oder zumindest förderlich bewerten.

Zum Abschluß möchte ich einige Anregungen und Bemerkungen für die weitere theoretische Diskussion und Erforschung der Krankheit Borderline-Syndrom geben.

- **Zu den Symptomähnlichkeiten des Borderline-Syndroms und Mißbrauchserfahrungen:**
Bei sehr vielen Borderline-Patientinnen wurde ein sexueller Mißbrauch, zum Teil bereits in der frühesten Kindheit, berichtet. In dieser Untersuchung beispielsweise waren von vier Fällen drei Betroffene von sexuellem Mißbrauch. In der Therapiegruppe, in der die Mehrzahl der Befragten waren, waren es von zehn Frauen acht, die sexuell mißbraucht wurden. Die psychischen und physischen Folgen eines sexuellen Mißbrauchs können unter anderen sein: Angst, Verfolgungsangst, Halluzinationen, zerstörerischer Umgang mit dem Körper, Genußunfähigkeit etc.
Es fällt auf, daß diese Symptome ebenfalls charakteristische Merkmale des Borderline-Syndroms darstellen. Diese Ähnlichkeiten sind der Ansatzpunkt für eine Befragte, ihre Diagnose Borderline-Syndrom ca. ein Jahr nach dem Interview (und ca. zwei Jahre nach der stationären Therapie) abzulehnen. Sie sagt heute von sich, daß sie keine Borderlinerin, also krank sei, sondern eine sexuell mißbrauchte, aber gesunde Frau. Daran anschließend kritisiert sie, daß den eigentlichen

Tätern, den Männern, keinerlei Konsequenzen aus ihrer Tat entstünden, sondern man lediglich den sexuellen Mißbrauch als ein Erlebnis der Frau behandele.

- **Häufiges gemeinsames Auftreten von Eßstörungen, dem Borderline-Syndrom und Mißbrauchserfahrungen.**
  Aus Gesprächen mit Therapeuten und eigenen Beobachtungen in der Klinik erfuhr ich, daß auffallend häufig Borderline-Patientinnen sexuelle Mißbrauchserfahrungen haben und gleichzeitig an Eßstörungen leiden. Diese Beobachtungen können zunächst nur deskriptiv festgehalten werden. Inwieweit ein Zusammenhang oder sogar eine kausale Abhängigkeit zwischen diesen Aspekten besteht, kann hier nicht untersucht werden.

  Einen möglichen theoretischen Erklärungsansatz möchte ich an dieser Stelle jedoch kurz darstellen:

- **Die Borderline-Diagnose als vorübergehende Beschreibung:**
  Aus obigen Überlegungen und der mir einige Zeit nach den Interviews mitgeteilten Kritik an der Therapie von seiten einer Befragten, komme ich zu der Annahme, daß es möglich ist, sich aus dem Krankheitsbild herauszuentwickeln. Es sind dann nicht mehr die borderline-typischen Störungen, die zu bearbeiten wären, sondern es werden nichtpathologische Themen wichtiger, wie zum Beispiel die Bearbeitung von sexuellen Mißbrauchserlebnissen.
  Diese These fordert gerade im Bereich der psychischen Erkrankungen zu einem Umdenken auf: Eine psychische Erkrankung, die den vorübergehenden Status einer zwar starken Beeinträchtigung des Lebens hat, aber nicht als eine endgültige Beschreibung aufzufassen ist.

- **Borderline-Syndrom als weibliche Krankheit?**
  Angesichts der Tatsache, daß die in der Untersuchung befragten Personen ausschließlich Frauen waren und daß es auch in der Klinik vorwiegend Frauen sind, die als Borderline-Persönlichkeiten behandelt werden, stellt sich die Frage, ob das Bor-

derline-Syndrom eine Krankheit darstellt, die besonders Frauen betrifft.
Eine Erklärung dafür wäre auch, daß Psychotherapie die Form der Hilfe ist, die eher von Frauen zur Bewältigung der Schwierigkeiten gesucht wird und Männer zu anderen Formen der Konfliktbewältigung neigen. Eine Überprüfung dieser Auffälligkeiten ist an dieser Stelle jedoch nicht möglich.

Abschließend läßt sich resümieren, daß noch einige Fragen offen sind, zu denen sich weitere Untersuchungen auf dem Gebiet des Borderline-Syndroms anbieten.

5.2. Nachuntersuchung II (MESTEL, 1992): Therapieerfolgskontrollstudie langzeitig behandelter Borderline-PatientInnen

5.2.1. Einleitung

In einer weiteren Diplomarbeit wurde von MESTEL eine Therapieerfolgskontrollstudie langzeit-behandelter Borderline-PatientInnen durchgeführt. Dankenswerterweise hat er eine Zusammenfassung seiner Ergebnisse uns zur Verfügung gestellt:

Von den wenigen Studien, die eine Evaluation der Psychotherapie mit Borderline-Patientlinnen durchzuführen versuchten, stellt die „Menninger Psychotherapy Research Study" (ROBBINS, 1956) die erste dar. KERNBERG, BURSTEIN und COYNE (1972) stellten in einer Zusammenfassung dieser Studie fest, daß Borderline-PatientInnen sich durch Psychoanalyse „little or not at all", mit stützender Therapie „least" und mit stützend-expressiver Therapie zumindest teilweise verbesserten. Dagegen berichtet STONE (1987) von „guten" Erfolgen mit der Global Assessment Scale (GAS >60) bei 66 % von 254 Borderline-PatientInnen mit „expressiver" Psychotherapie nach fünf bis zehn Jahren.

NACE, SAXON und SHORE (1986) konnten zeigen, daß sich Borderline-PatientInnen mit Alkoholismus durch ein auf AlkoholikerInnen zugeschnittenes psychiatrisches Kurzzeitprogramm verbesserten, und WALDINGER und GUNDERSON (1984) fanden Verbesserungen hinsichtlich von „Ich-Funktionen, Verhalten, Objektbeziehungen und Selbstwertgefühl" sowohl mit Psychoanalyse als auch mit „intensiver Therapie". Je länger die Borderline-PatientInnen behandelt wurden, desto eher verbesserten sie sich hinsichtlich der abhängigen Maße (r =. 44; p <0.001; WALDINGER et al., 1984, S. 195).

Darauf, daß Borderline-PatientInnen nicht mit Kurzzeittherapien behandelt werden sollten, hatten schon MANN (1973) und SIFNEOS (1972) hingewiesen. Von den Studien, die ohne direkten Vergleich mit einer Kurzzeittherapie die Langzeittherapie als Methode der Wahl für Borderline-PatientInnen ansehen (FENTON und MC GLASHAN, 1990; HARTOCOLLIS, 1980; JOHNSON, TOBIN und DENNIS, 1990) unterscheidet sich die Arbeit von TUCKER, BAUER, WAGNER, HARLAM und SHER (1987). Danach wurden langzeitbehandelte BPD-PatientInnen nach der Therapie weniger rehospitalisiert, und zeigten auch eine größere Verbesserung auf der GAS-Skala am Ende der Therapie im direkten Vergleich zu kurzzeitig Behandelten. Interessanterweise kehrte sich das Verhältnis jedoch nach zwei Jahren um, wobei nun die 0-5 Monate und 6-11 Monate Behandelten höhere GAS-Werte erhielten als die länger als 12 Monate Behandelten.

In einer umfangreichen Diplomarbeit (MESTEL, 1992) wurde eine Gruppe von N= 83 nach dem DSM-III (1980/1983) bzw. DSM-III-R (1987/1989) diagnostizierter PatientInnen mit einer Borderline-Persönlichkeitsstörung mit Hilfe zweier psychometrischer Testverfahren, dem Minnesota Multiphasic Personality Inventory (MMPI Kurzform; GEHRING und BLASER, 1982) und dem Gießen-Test (GT; BECKMANN, BRÄHLER und RICHTER, 1991) untersucht. In der Studie, die mit den Daten eines halbstrukturierten Anamnesefragebogens (modifizierte Fassung nach LAZARUS, 1978) angereichert wurde, dienten 23 verschiedene klinische Gruppen als Kontrollgruppen zur Borderline-Gruppe (insgesamt N=495). Von den PatientInnen, die 1988-1991 in der psychosomatischen Klinik Grönenbach, Haus I (Chefarzt K. STAUSS) behandelt worden waren, lagen die Testergebnisse der Eingangs- und Ausgangsmessung vor. Neben der Bearbeitung der Frage nach einer möglichst präzisen diagnostischen Erfassung der Borderline-PatientInnen (als Ergänzung zur Diagnose durch das DSM-III / DSM-III-R) wurde es durch das Prä-Post-Design auch möglich, die Behandlung der Borderline-PatientInnen auf der Basis der Testdaten zu evaluieren.

GUNDERSON (1984, S. 78ff) wies darauf hin, daß bisher keine spezifischen pathognomischen Maße für die BPD entwickelt worden sind, die man zur Veränderungsmessung heranziehen könnte. Das „Diagnostische Interview für Borderline-Störungen" (DIB) (KOLB und GUNDERSON, 1980; ins Deutsche übersetzt von PÜTTERICH, 1985) wäre zwar inhaltlich geeignet, doch beziehen sich die verschiedenen Unterskalen auf stabile Verhaltensweisen, die sich über Zeiträume von zwei Jahren (bei drei Skalen) oder drei Monaten (bei zwei Skalen) erstrecken. Zweitens würde das DIB eher eine breite Palette von Symptomen messen, die nur indirekt die spezifischen Bereiche erfassen, die durch Psychotherapie zu beeinflussen wären. Strukturierte Interviews (KERNBERG, 1977) erfassen zwar die intrapsychische Dynamik, müssen jedoch noch, ebenso wie projektive Testverfahren, hinsichtlich ihrer Reliabilität und ihrer Validität bezüglich des Borderline-Konstruktes besser untersucht werden.

Der MMPI wurde in zahlreichen Studien, vor allem in den sechziger und siebziger Jahren, als Veränderungsmeßinstrument herangezogen (BECKMANN, RICHTER und SCHEER, 1969; DAHLSTROM, WELSCH und DAHLSTROM, 1975, Kap. 7; HÖCK und HESS, 1974; SAUER und SCHNETZER, 1978), auch wenn der MMPI eine Mischung aus eher änderungssensitiven (besonders Skala Depression; dann Lügenskala, F-Skala, Kontrollskala, Hypochondrie, Hysterie, Paranoia, Psychasthenie, Schizoidie, Hypomanie) und eher stabilen (Psychopathie, Maskulinität/Femininität und Soziale Introversion) Kriterien darzustellen scheint (BUTCHER und TELLEGEN, 1978; GARFIELD, PRAGER und BERGIN, 1971). In den beiden einzigen MMPI Therapieerfolgskontrollstudien mit Borderline-PatientInnen im deutschsprachigen Raum, die der Autor ausfindig machen konnte (BURBIEL, FABIAN, EMMERT und WOLFRUM, 1989; BURBIEL und WAGNER, 1984), ließ sich ein statistisch signifikanter Rückgang (Irrtumswahrscheinlichkeit von 1 %) auf sieben der zehn klinischen Skalen des MMPI feststellen (kein Rückgang für die Skalen Hypochondrie, Maskulinität/Femininität und Hypomanie).

Der Gießen-Test wurde unter anderem spezifisch für die Veränderungsmessung entwickelt (BECKMANN et al., 1991, S. 10), auch wenn einige Autoren diese „Fähigkeit" bezweifeln (LESSEL, 1981). Allgemein im deutschsprachigen Raum zur Veränderungsmessung häufig angewendet (z. B. GRAWE, CASPAR und AMBÜHL, 1990b), fand sich nur eine Studie, in der zumindest einige Borderline-PatientInnen in der Stichprobe enthalten waren. RÜGER (1982) berichtet von einer Verbesserung der Einschätzung der sozialen Potenz (Skala 6) und einer Abnahme der Depressivität (Skala 4) in dieser Gruppe. Ferner von einer signifikanten Verringerung des Wunschbildes nach sozialer Potenz.

Von den 83 Borderline-PatientInnen wurden 34 in einer speziell für diese Persönlichkeitsstörung zugeschnittenen Gruppe, der Borderline-Gruppe, behandelt. Elaboriertere Ausführungen zur therapeutischen Vorgehensweise in dieser Gruppe lassen sich in den anderen Kapiteln dieses Buches nachlesen. Von diesen 34 PatientInnen brachen vier (11, 8%) die Therapie nach etwa einem Monat ab („überstanden die Kontaktphase nicht") und sechs (17,6%) nach zwei bis drei Monaten. Diese zehn AbbrecherInnen stellten sich als eher sozial zurückgezogen, sozial weniger kompetent und verschlossener dar als die 24 durchschnittlich neun Monate lang behandelten Borderline-PatientInnen. Die langzeitig behandelten PatientInnen gaben ferner häufiger Selbstverletzungen (Schnippeln, Gliedmaßen brechen, Haarbüschel ausreißen etc.) an und einen durchschnittlich zeitlich länger zurückliegenden Beginn ihrer Probleme. Dieses Ergebnis könnte darauf hinweisen, daß der Therapieabbruch unter anderem eine Reaktion dieser sozial eher zurückgezogenen PatientInnen auf das sehr enge strukturelle Setting der Borderline-Gruppe war.

Als engere Vergleichsgruppen der 24 verbleibenden langzeitig behandelten Borderline-PatientInnen (durchschnittlich neun Monate; im folgenden Borderline-Gruppe genannt) wurden eine Gruppe dysthymer PatientInnen (depressive Neurose; N=64), eine Gruppe eßgestörter PatientInnen (N=56; davon 29 BulimikerInnen, 11 AnorektikerInnen und 16 PatientInnen mit nicht näher bezeichneten Eßstörungen) und zwei Gruppen mit Persönlichkeitsstörungen, narzißtische (N=90) und ängstliche (N=73; davon 27 PatientInnen mit einer dependenten, 14 mit einer zwanghaften und 32 mit einer selbstunsicheren Persönlichkeitsstörung) ausgewählt. Während die Gruppen mit den Persönlichkeitsstörungen auch andere Diagnosen auf Achse I erhalten haben, handelte es sich bei den beiden eher „neurotischen Gruppen" um nur Dysthyme und nur Eßgestörte, letztere hatten folglich keine Ko-Diagnosen erhalten. Bei den gesamten Diagnosen handelt es sich um die nach dem DSM-III / DSM-III-R gewonnenen Ausgangsdiagnosen, die jedoch, zumindest im Fall der Borderline-Gruppe, zu 96 % mit der Eingangsdiagnose übereinstimmten. Dies ist eine Folge der Handhabung, daß diese 24 PatientInnen direkt aus der „Borderline-Warteliste" in die Borderline-Gruppe aufgenommen wurden.

In der Borderline-Gruppe, die im Mittelpunkt der methodischen Auswertung stand, bildeten die Ausbildung oder das Alter keine besonderen Einflußgrößen hinsichtlich der Unterscheidung zwischen der Borderline-Gruppe und den vier Kontrollgruppen. Der Einfluß von Geschlechtseffekten konnte nicht angemessen untersucht werden, da in der Borderline-Gruppe nur ein Mann behandelt worden war.

Unter den 24 PatientInnen hatten nur sieben eine reine Borderline-Diagnose, während in 13 Fällen eine Eßstörung (sechs Mal Bulimie, fünf Mal Anorexie und zwei Mal eine nicht näher bezeichnete Eßstörung), zwei Mal Alkoholmißbrauch, je ein Mal Polytoxikomanie und Cannabismißbrauch und in zwei Fällen eine Angststörung als zusätzliche Achse I (DSM-III) Diagnose gegeben wurde. „Reine“ Borderline-PatientInnen stellten sich im Vergleich zu denen mit Ko-Diagnose zusammenfassend weniger kontaktfreudig und eher einsam dar, und gaben mehr Probleme im Arbeitsbereich an. Ferner waren sie häufiger die ältesten Geschwister und berichteten öfter von einer längeren Trennung von den Eltern vor dem fünften Lebensjahr.

5.2.2. Anamnese und soziodemographische Daten

Die Borderline-PatientInnen, die im Durchschnitt länger behandelt wurden als die Vergleichsgruppen, unterschieden sich nicht von den Kontrollgruppen bezüglich des Berufsstandes oder dem Grad der Ausbildung. 54 % der Borderline-PatientInnen hatten Abitur oder einen akademischen Abschluß, ein Faktum, welches unrepräsentativ für das Bildungsniveau von Borderline-PatientInnen ist, welches in anderen Studien berichtet wird (DAHL, 1985; SNYDER, GOODPASTER, PITTS, POKORNY und GUSTIN, 1985). Dort wird von einem deutlich niedrigeren durchschnittlichen sozioökonomischen Status oder einer geringeren durchschnittlichen Ausbildungsdauer berichtet. Dies schränkt die Generalisierbarkeit der gefundenen Ergebnisse auf andere Borderline-Stichproben mit einem unterschiedlichen Grad an Ausbildung ein.

In der Borderline-Gruppe wurden mehr Frauen behandelt als in den anderen Gruppen (bis auf die Gruppe der Eßgestörten), und die Borderline-Gruppe war durchschnittlich jünger (29 Jahre) als die Gruppe der Dysthymen und die der ängstlichen Persönlichkeitsstörungen. Die Borderline-PatientIinnen waren häufiger arbeitslos, studierten und waren seltener verheiratet oder hatten weniger häufig Kinder im Vergleich zu den anderen Gruppen (bis auf die Gruppe der Eßgestörten). Obwohl sich die Gruppen „Borderline“ und „Eßgestört“ hinsichtlich Alter und

Geschlechtsverteilung nicht unterschieden, zeigte sich, daß in der Borderline-Gruppe wesentlich weniger PatientInnen eine/n feste/n Partner/in hatten. Im Vergleich zu den anderen Gruppen gaben die Borderline-PatientInnen häufiger die Wohnsituation und die finanzielle Situation als hauptsächliche Auslöser ihrer Beschwerden an. Diese Aussagen bezogen sich auf einen Zeitraum von zwei Jahren vor dem Ausfüllen des Anamnesefragebogens. Im weiteren gaben die Borderline-PatientInnen neben häufigeren Krankschreibungen wegen ihrer Beschwerden eine größere Zahl an vorausgegangenen Psychotherapien an. Über 64 % hatten drei oder mehr Psychotherapien bereits hinter sich. Auf eine genauere Definition der verwendeten Variablen (z. B. „vorausgegangene Psychotherapie") kann hier aus Platzgründen ebensowenig nicht eingegangen werden wie auf die genauere Darstellung der statistischen Kennwerte und Methodiken. Der/die interessierte LeserIn wird hier auf die zugrundeliegende Diplomarbeit verwiesen (MESTEL, 1992). In das Bild der „schillernden Symptomatiken" bei Borderline-PatientInnen paßt, daß diese häufiger als die meisten anderen Gruppen von „panischen Ängsten, Allergien, Eßproblemen diverser Art, Opiateinnahme, Schlafmittelproblemen, Suizidversuchen und schweren oder leichteren Selbstverletzungen" berichteten. Ferner gaben sie, häufiger als dies in den eher „neurotischen" Kontrollgruppen („Dysthyme und Eßgestörte") geschah, an, als Kind sexuell mißbraucht worden zu sein (25 % der Borderline-Stichprobe im Vergleich zu etwa 4 % bei den neurotischen Gruppen und etwa 10 % bei allen restlichen PatientInnen).

5.2.3. MMPI und Gießen-Test Profile – Eingangsmessung

Die Borderline-Gruppe zeigte deutlich höhere durchschnittliche Werte auf den Skalen „F" (Validitätsskala; mißt eine allgemeine

Schwere der Psychopathologie, Denkstörungen oder die Tendenz dazu, ungewöhnliche Antworten zu geben), „Depression", „Hysterie" (allgemeine und spezifische Systembeschwerden), „Psychopathie" (Unverantwortlichkeit, Gesetzeskonflikte, Süchtigkeit, Unbedachtsamkeit), „Paranoia" (Argwohn, Feindseligkeit und Verfolgungsideen), „Schizoidie" (bizarres, ungewöhnliches Denken und Verhalten) und „Hypomanie" (Aktivität, Enthusiasmus, mangelnde Impulssteuerung). Unterschiede ergaben sich neben den genannten Skalen auch bezogen auf die „Lügenskala" (Antworten geben, mit denen man sich in ein gutes Licht rücken möchte) und die Kontroll-Skala (Verleugnung von Krankheitssymptomen verschiedener Art). Hier wiesen die Borderline-PatientInnen deutlich niedrigere durchschnittliche Werte auf (siehe Abbildung 35).

Es muß betont werden, daß die genannten Unterschiede bei den Skalenerhöhungen nur für die Kontrastierung der beiden neurotischen Gruppen mit der Borderline-Gruppe statistisch signifikant wurden (5 % Irrtumswahrscheinlichkeit). Ähnlich, wie es in der Literatur berichtet wird, zeigte sich kein statistisch bedeutsamer Unterschied zu den anderen Gruppen mit Persönlichkeitsstörungen.

Mit Hilfe des Gießen-Tests (Prä) konnte überhaupt keine Unterscheidung der Borderline-Gruppe von irgendeiner Kontrollgruppe geleistet werden (siehe Abbildung 36). Für sich betrachtet können die Borderline-PatientInnen als eher negativ sozial resonant (sie denken, daß sie von außenstehenden Personen eher negativ eingeschätzt werden), dominant, depressiv verstimmt, retentiv (verschlossen) und sozial wenig „potent" eingeordnet werden. Dieser Befund steht in Einklang mit den Ergebnissen von PÜTTERICH (1985).

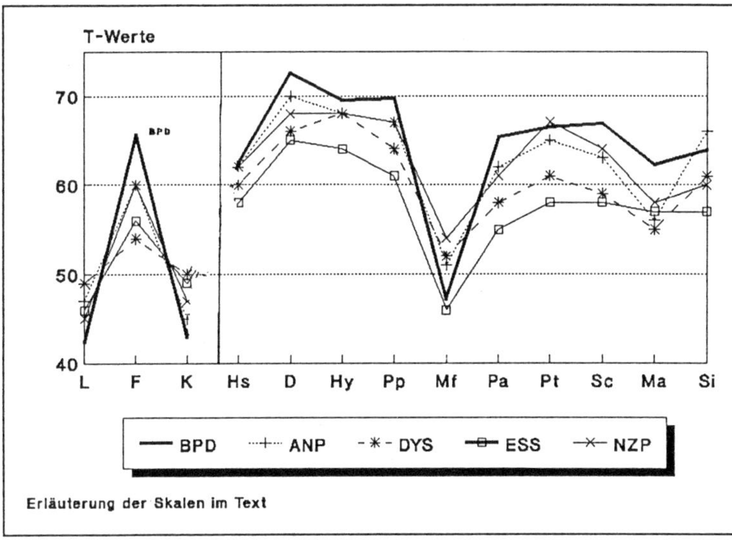

Abb. 35 Durchschnittliche MMPI Skalenerhöhungen für die Borderline Gruppe und die vier Vergleichsgruppen. ANP: Ängstl. Pers.stö.; DYS: Dysthyme; ESS: Esstörungen; NZP: Narzißtische Pers.stö.

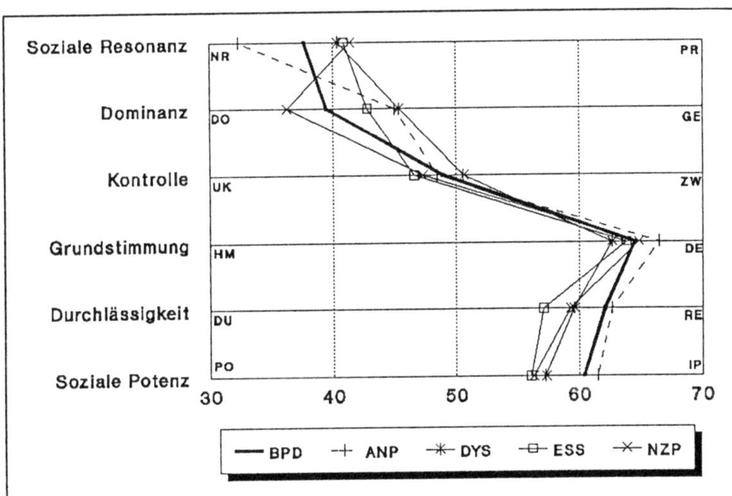

Abb. 36 Durchschnittliche Gießen-Test Profile (vorher) für die Borderline Gruppe und die vier Vergleichsgruppen.

NR/PR: negativ/positiv sozial resonant; DO/GE: dominant/gefügig; UK/ZW: unterkontrolliert/zwanghaft; HM/DE: hypomanisch/depressiv; DU/RE: durchlässig/retentiv; PO/IP: sozial potent/sozial impotent.

5.2.4. *Psychotherapieerfolgskontrolle mit dem MMPI und dem Gießen-Test*

Eine Befindlichkeitsverbesserung der langzeitig behandelten Borderline-PatientInnen durch die Behandlung ließ sich im Rahmen des vorliegenden Versuchsplanes durch mehrere methodische Vorgehensweisen belegen. Die Borderline-Gruppe für sich betrachtet zeigte nach der durchschnittlich neun monatigen Behandlung statistisch signifikante Veränderungen (Irrtumswahrscheinlichkeit von 5 %) im Sinne einer Befindlichkeitsverbesserung auf den MMPI-Skalen „F, Depression, Paranoia, Psychasthenie (diffuse Ängste, Zwänge) und Schizoidie" (siehe Abbildung 37). Die Skalen „Kontroll-Skala und Maskulinität/Femininität" waren dagegen bei der Ausgangsmessung signifikant stärker erhöht im Vergleich zur Eingangsmessung. Während der Anstieg der K-Skala oft als eine Stärkung der „neurotischen Abwehr" interpretiert wird, soll die in ihrem Aussagewert umstrittene Mf-Skala aus methodischen und inhaltlichen Gründen nicht weiter betrachtet werden. Der Rückgang betraf viele der Skalen, die zum Prä-Zeitpunkt bei der Borderline-Gruppe sehr stark erhöht waren wie „F, Depression, Paranoia, Psychasthenie und Schizoidie". Diese Aussage gründet sich sowohl auf die Ergebnisse einer einfaktoriellen Varianzanalyse mit Meßwiederholung, als auch auf der Berechnung von Effektstärkemaßen (COHEN, 1988). Als Effektstärkemaß wurde hier die Differenz der Prä- und Postwerte der Borderline-Gruppe geteilt durch die Standardabweichung der Postmessung verwendet. Für die Skalen „Depression und Paranoia" ließen sich dadurch große Effekte, für „Hysterie, Psychopathie, Psychasthenie und Schizoidie" mittlere Effekte, und für die Skala „Hypochondrie" ein kleiner Effekt belegen. Es gilt dabei zu beachten, daß die Beurteilung der Größe eines Effektes willkürlich durch COHEN (1988, S. 24) festgelegt worden ist. Diese Veränderungen der Skalenerhöhungen über die Zeit könnten Verbesserungen in der allgemeinen

Symptomatik (F), in der Grundstimmung (Depression), im affektiven Bereich (Psychasthenie, Depression), im Wahrnehmungsbereich (F, Schizoidie, Paranoia) und im Bereich von allgemeinen Denkstörungen (F, Schizoidie) andeuten. Ein Rückgang der Skalen „Psychopathie und Soziale Introversion" ist aufgrund der Änderungsinsensitivität nicht zu erwarten gewesen.

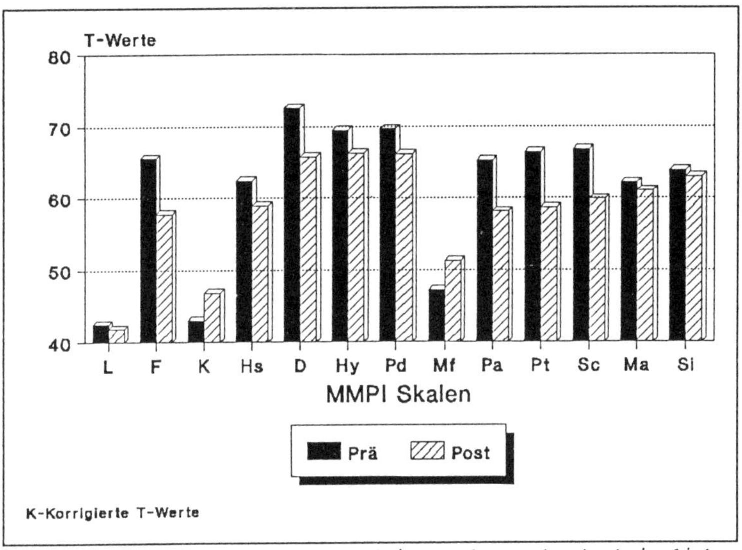

Abb. 37 Vorher-Nachher Vergleich der durchschnittlichen Skalenerhöhungen auf dem MMPI für die Borderline Gruppe

Vergleicht man den Skalenrückgang über die Zeit zwischen den Gruppen (Methodik: Zweifaktorielle univariante Varianzanalyse mit Meßwiederholung), so läßt sich feststellen, daß sich hier nur die neurotischen Gruppen auf einzelnen Skalen von der Borderline-Gruppe unterscheiden (Alpha= 0. 05). Die Gruppe der Dysthymen zeigte eine stärkere Verbesserung als die Borderline-Gruppe auf den Skalen „Depression, Hysterie und soziale Introversion", und die Gruppe der Eßgestörten zeigte einen geringeren Skalenrückgang auf Skala F als die Borderline-Gruppe. Es kann somit betont werden, daß sich für die Gruppe der Borderline-PatientInnen nach neun Monaten etwa im selben Ausmaß Verbesserungen belegen lassen wie für die beiden eher neurotischen Gruppen und die Gruppen mit narzißtischen und ängstlichen Persönlichkeitsstörungen, die jeweils etwa drei Monate behandelt worden waren. Es wurden keine Zwischenmessungen der langzeitig behandelten Borderline-Gruppe unternommen, die mehr Auskunft darüber gegeben hätten, ob dasselbe Ergebnis bereits nach dreimonatiger Behandlung der Borderline-PatientInnen zustande gekommen wäre.

Ein direkter Vergleich dieser langzeitig behandelten Gruppe mit einer etwa 3-4 Monate lang behandelten Borderline-Gruppe derselben Klinik (MESTEL, 1992, S. 125 ff) legt trotz methodischer Einwände (die zwei Gruppen unterschieden sich zu Beginn der Behandlung hinsichtlich der Chronizität der Krankheitsverläufe und dem durchschnittlichen Alter) die Vermutung nahe, daß die Verbesserung auf die Behandlungsdauer zurückzuführen ist. Von den kurzzeitig behandelten Borderline-PatientInnen konnten nur einige von der Psychotherapie deutlich profitieren, während die langzeitig behandelten PatientInnen als Gruppe in relativ homogener Weise (die Streuung verringerte sich deutlich von Prä nach Post) Verbesserungen auf den meisten klinisch relevanten Skalen aufwiesen.

Mit dem Gießen-Test ließ sich ein statistisch signifikanter Rückgang im Sinne einer Befindlichkeitsverbesserung nur für die Skalen „Grundstimmung und Extremwerte (Kontrollskala)" feststellen (siehe Abbildung 38). Es lagen dabei jeweils mittlere Effektstärken vor. Während das erste Ergebnis eine nach der Literatur der Psychotherapieerfolgskontrollstudien zu erwartende Verringerung an „Depressivität" anzeigt, scheint der Rückgang der Extremwerte das interessantere Resultat zu sein. Die „Extremantworten-Skala" könnte ebenso wie die F-Skala des MMPI Tendenzen der Übertreibung von Symptomen erfassen und ferner ein Ausdrucksverhalten, welches sich mit der für

Borderline-PatientInnen typischen (im Sinne des „Spaltungskonzepts"; STAUSS, 1988, S. 64 ff) „Alles oder Nichts-Formel" beschreiben ließe. Der Zusammenhang zwischen den Skalen F und Extremantworten wird durch die statistisch signifikante Korrelation ($r = 0.52$; $p < 0.05$) noch illustriert. Auch die quantitative Anzahl von Ankreuzungen einer umfangreichen Symptomliste korrelierte positiv mit der Extremantwort-Skala ($r = 0.48$; $p < 0.05$). Es muß hier jedoch hinzugefügt werden, daß die durchschnittlichen Prä- ($T = 53$) und Post-Werte ($T = 48$) im Gegensatz zu den Werten der F-Skala des MMPI völlig im Normbereich liegen. Ein starker Rückgang auf dieser Skala könnte auf eine Steigerung der Differenzierungsfähigkeit („Grautöne wahrnehmen statt nur schwarz-weiß") zurückzuführen sein.

Es ist auffällig, daß sich in den Skalen, die die „soziale Dimension" erfassen sollen, sehr wenige Veränderungen bei den Borderline-PatientInnen abzeichnen. Dies gilt neben der Skala „Soziale Introversion" des MMPI besonders für die beiden Selbstbildskalen des Gießen-Tests, also die Skalen „soziale Resonanz und soziale Potenz". Die Gruppen „Dysthymie, Eßgestörte und ängstliche Persönlichkeitsstörungen" sehen sich über die Zeit hinweg im Durchschnitt positiv resonanter als die Borderline-PatientInnen. Das heißt, sie glauben eher, von anderen Personen positiv eingeschätzt zu werden im Vergleich zur Borderline-Gruppe, die sich im Durchschnitt in der diesbezüglichen Beurteilung überhaupt nicht veränderte. Es konnte jedoch durch eine Post-hoc-Analyse der Binnen- und Zwischengruppenvarianz (nach GRAWE, 1981, S. 172) gezeigt werden, daß diese Effekte nur für einen Teil der PatientInnen der Borderline-Gruppe zutrafen. Die Streuung auf dieser Skala hatte sich für die Borderline-Gruppe von Prä nach Post deutlich vergrößert, während sie sich bei den Kontrollgruppen verkleinerte. Dieses Resultat offenbart die differentielle Wirksamkeit der Psychotherapie: Einige Borderline-PatientInnen dieser Gruppe nahmen scheinbar sehr wohl an, bei anderen gut anzukommen, während andere sich dafür umso negativer einschätzten.

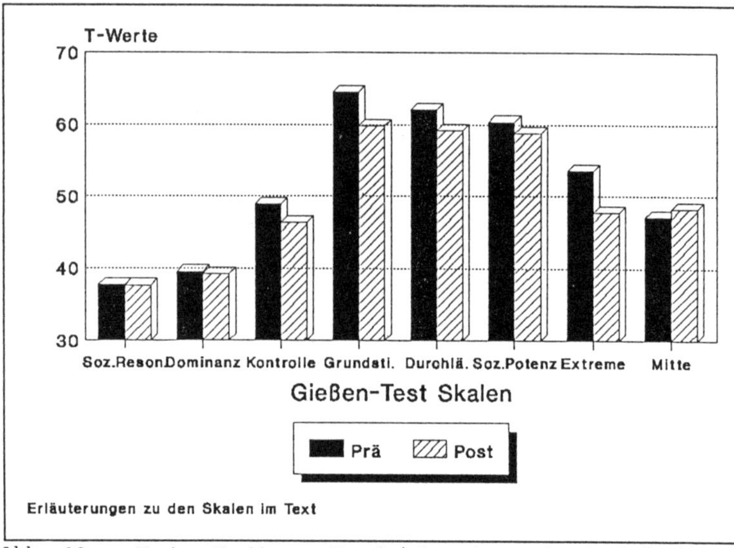

Abb. 38 Vorher-Nachher Vergleich der durchschnittlichen Skalenerhöhungen für die Borderline Gruppe

Der Rückgang der Differenz zwischen realem Selbstbild (Wie man sich selbst sieht) und idealem Selbstbild (Wie man gerne wäre) wurde von vielen PsychotherapieforscherInnen (z. B. ROGERS und DYMOND, 1954) als Indikator für eine Verbesserung durch die Psychotherapie herangezogen.

Zu Beginn der Therapie zeigte sich für alle Gruppen ein hochsignifikanter Unterschied (Irrtumswahrscheinlichkeit von 0.01 %) zwischen Ideal- und Realbild auf den Skalen „soziale

Resonanz, Grundstimmung, Durchlässigkeit und soziale Potenz". Es ergab sich ein Unterschied der Selbstbilddifferenz (Prä-Zeitpunkt) zwischen den Gruppen (Borderline versus Dysthyme, eßgestörte und narzißtische PatientInnen) nur für die Skala sechs (soziale Potenz). Die Borderline-PatientInnen sahen sich selbst auf dieser Skala, die Merkmale mißt, die mit sozialem Erfolg korrelieren, eher weniger sozial potent im Vergleich zu den anderen Gruppen bei einem gleichzeitig stärkeren Wunsch nach mehr sozialer Potenz.

Für alle Gruppen konnte in zweifaktoriellen Varianzanalysen festgestellt werden, daß sich für die Skalen „Grundstimmung und Durchlässigkeit" das Realbild über die Zeit dem Idealbild annäherte. Für die Gruppe der Dysthymen galt diese Entwicklung auch für die Skala „soziale Potenz". Der Rückgang der Selbstbilddifferenz unterschied sich bis auf eine Ausnahme nicht zwischen der Borderline-Gruppe und den Kontrollgruppen. Während die eßgestörte Gruppe sich wesentlich sozial resonanter über die Zeit hinweg zeigte, veränderte sich für die Gruppe der Borderline-PatientInnen auf dieser Skala praktisch nichts (weder im Real- noch im Idealbild). Wie weiter oben verdeutlicht wurde, gilt dieser Effekt jedoch nicht für alle Borderline-PatientInnen.

Zusammenfassend wurde gezeigt, daß Borderline-PatientInnen in ähnlicher Weise von psychotherapeutischer Intervention profitieren können wie PatientInnen mit anderen Persönlichkeitsstörungen oder neurotisch gestörte PatientInnen. Es wurden Hinweise dafür gefunden, daß Borderline-PatientInnen jedoch eine durchschnittlich längere Psychotherapie brauchen, um den gleichen Grad an Verbesserung in der Befindlichkeit zu erreichen wie die anderen PatientInnen nach dreimonatiger Behandlung.

Obwohl die Veränderungsmessung mit eher ungeeigneten Instrumenten durchgeführt wurde, die vor allem stabile und für die Borderline-Persönlichkeitsstörung nicht unbedingt spezifische Merkmale erfassen, konnten doch in den Bereichen der

Grundstimmung, der Affekte, der Wahrnehmung und der Denkstörungen deutliche Verbesserungen für die Borderline-Gruppe ebenso wie für die Kontrollgruppen belegt werden. Im Bereich der „realen sozialen Potenz" (Gießen-Test „Skala sechs" und MMPI-Skala „soziale Introversion") scheinen einige PatientInnen der Borderline-Gruppe starke Fortschritte gemacht zu haben, während andere sich sozial stärker zurückziehen und sich selbst auch negativer im Sozialverhalten erleben.

Die zahlreichen methodischen Einwände gegen den „prä-experimentellen" Versuchsplan (CAMPELL, 1979, S. 100) dieser Studie lassen die gefundenen Ergebnisse eher als tentativ erscheinen. Die Resultate können jedoch weitere Studien mit strengeren Kontrollbedingungen (z. B. mit unbehandelten Vergleichsgruppen; zufälliger Aufteilung der PatientInnen auf die Versuchsbedingungen) anregen.

6. Schluß

Das beschriebene Modell ist in 7jähriger intensiver Auseinandersetzung mit Patienten, die an dem Borderline-Syndrom erkrankt sind, entstanden. Wir haben viel experimentiert, ausprobiert, verworfen und neue Einsichten gewonnen. Das Modell ist im Dialog mit den PatientInnen entstanden. Oft, wenn wir Therapeuten nicht mehr weiterwußten, haben wir in sog. „Werkstattgesprächen" mit den PatientInnen zusammen unsere Schwierigkeiten und Grenzen im Umgang mit ihnen erörtert. In diesen Gesprächen bekamen wir viele wertvolle Hinweise zum tieferen Verständnis dieser Krankheit. So konnten in Krisensituationen gemeinsam neue Lösungsstrategien erarbeitet werden.

In den vergangenen 7 Jahren zeigte es sich zunehmend mehr, daß die Therapie des Borderline-Syndrom eine **Therapie in der Beziehung** ist. Die therapeutische Beziehung im Hier und Jetzt ist der Fokus, die Problemzone und der Motor der Therapie. Therapeutische Veränderungen schlagen sich in der Veränderung der Beziehung zum Therapeuten und der therapeutischen Gruppe nieder.

Entsprechend zeigte es sich in den Nachuntersuchungen, daß die soziale Kompetenz der Patienten zugenommen hat. Obwohl der MMPI nicht das geeignete psychologische Instrument zur Veränderungsmessung beim Borderline-Syndrom ist, ergab sich, daß im Bereich der Grundstörungen, Affekte, Wahrnehmungen und Denkstörungen deutliche Verbesserungen festgestellt werden konnten.

Wir sind davon überzeugt, daß wir mit dem Grönenbacher Modell ein klinisch erprobtes Modell geschaffen haben, das sich im wesentlichen bewährt hat. Andererseits sind noch viele Fragen offen, die einer Verbesserung und Vertiefung bedürfen.

Das Wichtigste scheint uns zu sein, daß wir bei der Behandlung von Borderline-Patienten bei Wahrung der Grenzen des therapeutischen Ansatzes optimistisch geworden sind. Hoffnung entwickelte sich dort, wo früher Hoffnungslosigkeit war. Wir durften eine Krankheit besser verstehen, die sich dadurch auszeichnet, daß die Patienten in der Todesnähe sich existentiell sicherer fühlen als in der Lebensnähe, die sie paradoxer Weise mit Vernichtungsängsten erleben.

Diese Krankheit ist eine existentielle Daseinsform, die als Lebensbewältigungsprozeß in einer Umwelt, in der seelisches Leben von Anfang an unter tödlicher Bedrohung stand, erworben wurde.

Die archetypische Geschichte und deren Heilung finden wir in der „Heilung des Besessenen von Gerasa" (Markus 5.1-20). Sie schildert die Existenz eines Mannes, der in den Grabhöhlen (Todesnähe) lebte, Tag und Nacht schrie, und sich mit Steinen selbst verletzte, alle Fesseln und Begrenzungen sprengte – niemand konnte ihn bändigen. Die bevorstehende Heilung erlebte er trotz seiner Schmerzen als eine Qual, die er kaum glaubte, überstehen zu können. Eindrucksvoller kann man die innere Zerrissenheit im Erleben der PatientInnen kaum schildern. Diese Heilungsgeschichte zeigt einen Weg aus diesem existentiellen Dilemma. Sie gibt uns Hoffnung, daß schon vor 2000 Jahren diese Form des Daseins beschrieben und ein Ausweg aufgezeigt wurde.

Die zeitgenössische Psychotherapie setzt sich intensiv mit diesem Krankheitsbild auseinander. Sie hat verschiedene therapeutische Ansätze entwickelt, die zur Hoffnung Anlaß geben. Zu dieser berechtigten Hoffnung soll diese Arbeit einen Beitrag leisten.

Literatur

Adler, A., Über den nervösen Charakter. Frankfurt am Main: Fischer TB Verlag, 1976

Ammon, G. et al., Psychoanalytische Aspekte des Widerstandes. In: *Petzold, H. (Hrsg.)*: Widerstand: Ein strittiges Konzept in der Psychotherapie. Paderborn: Junfermann Verlag, 1981

Angst, J., Begriff der affektiven Erkrankungen. In: *Kisher, Karl P., Lauter, H., Meyer, J. E., Müller, C. & Strömgen, E. (Hrsg.)*, Psychatrie der Gegenwart, Bd. 5 (Affektive Psychosen). Berlin et al.: Springer Verlag, 1987

Balint, M., The Basic Fault. New York: Brunner & Mazel, 1968

Beck, U., Gegengifte: Die organisierte Unverantwortlichkeit. Frankfurt am Main: Suhrkamp 1988

Beckmann, D., Richter, H. E. & Scheer, J. W., Kontrolle von Psychotherapieresultaten. Psyche 1969, 11, 805-823

Beckmann, D., Brähler, E. & Richter, H. E., Der Gießen-Test. (Handbuch, Vierte überarbeitete Auflage mit Neustandardisierung) Bern: Hans Huber Verlag, 1991

Behrens, K., Borderline und Sucht: Zur Dynamik und Rückfallgefährdung bei süchtigen Borderline-Patienten. Zeitschrift für Transaktionsanalyse in Theorie und Praxis 1990, 7, 105-116

Benjamin, J. D., The Innate and the Experiental in Child Development. In: *Brosin, H.*, Lectures on Experimental Psychiatry. Pittsburgh: 1961, 19-42

Berne, E., Transactional Analysis in Psychotherapy. New York: Grove Press, 1961

—, Principles of Group Treatment. New York: Grove Press, 1966

Bibel, Einheitsübersetzung. Stuttgart: Katholische Bibelanstalt, 1980

Blanck, G. & Blanck, R., Ich-Psychologie. Band 2: Psychoanalytische Entwicklungspsychologie. Stuttgart: Klett-Cotta, 1980

Bleuler, E., Dementia praecox oder Gruppe der Schizophrenien. In: *Aschaffenberg, G. (Hrsg.)*, Handbuch der Psychiatrie. Leipzig, Wien: Deuticke, 1911

Böll, H., Frauen vor Flußlandschaft. Köln: Kiepenheuer & Witsch, 1985

Bowlby, J., The Nature of the Child's Tie to the Mother. International Journal of Psychoanalysis 1958, 39, 350-373

Bronisch, T., Was sind Borderline-Störungen. Fundamenta Psychiatrica 1987, 1, 142-153

Burbiel, I., Fabian, E., Emmert, C. & Wolfrum, G., Klinisch-psychologische Effizienzuntersuchung bei der stationären Behandlung von Borderline-Patienten in der Dynamisch-Psychiatrischen Klinik Menterschwaige. Dynamische Psychiatrie 1989, 22, 343-366

Burbiel, I. & Wagner, H., Einige Ergebnisse Dynamisch-Psychiatrischer Effizienzforschung. Dynamische Psychiatrie 1984, 17, 468-500

Butcher, J. N. & Tellegen, A., Common methodological problems in MMPI research. Journal of Consulting and Clinical Psychology 1978, 46, 620-628

Campbell, D. T., Wichtige Faktoren für die Validität von Experimenten im sozialen Bereich. In: *Kluge, N. & Reichel, H.(Hrsg.)*, Das Experiment in der Erziehungswissenschaft. Darmstadt: Wissenschaftliche Buchgesellschaft, 1979, 98-128

Cashdan, S., „Sie sind ein Teil von mir": Objektbeziehungstheorie in der Psychotherapie. Köln: Edition Humanistische Psychologie, 1990

Casriel, D. & Amen, G., Daytop: Three Addicts and Their Cure. New York: Hill and Wang, 1971

Chessik, R. D., The Psychotherapy of Borderland Patients. American Journal of Psychotherapy 1966, 20, 600

Childs-Gowell, E., Reparenting Schizophrenics. North Quincy, Mass.: The Christopher Publishing House, 1979

Chomsky, N., Die fünfte Freiheit: Über Macht und Ideologie. Berlin: Argument Verlag, 1989

Clark, L. P., Some practical remarks upon the use of modified Psychoanalytics in the treatment of Borderline-Neuroses and Psychoses. Psychoanalytic Review 1919, 6, 306-308

Cohen, J., Statistical Power Analysis for the Behavioral Sciences. (rev. ed.) New York: Academic Press, 1988

Cox, R. & Esau, T., Regressive Therapy. New York: Brunner & Mazel, 1974

Cremerius, B., Krankheitswandel oder Verlagerung und Umschichtung der Neurosen im medizinischen Versorgungsbereich. Praxis der Psychotherapie und Psychosomatik 1988, 3, 60-71

Dahl, A. A., Borderline disorders – the validity of the diagnostic concept. Psychiatric Developments 1985, 2, 109-152

Dahlstrom, W. G., Welsh, G. S. & Dahlstrom, L. E. (Eds.), An MMPI Handbook, Volume II: Research applications. Minneapolis: University of Minnesota Press, 1975

Deutsch, H., Some forms of emotional disturbance and their relationship to schizophrenia (1942). In : Dies., Neuroses and Character Types. New York: International University Press, 1965

Divac-Javanovic, M. & Radojkovic, S., Die Behandlung von Borderline-Phänomenen jenseits diagnostischer Kategorien. Zeitschrift für Transaktionsanalyse 1990, 7, 5 und 50-60

DSM-III-R, Diagnostische Kriterien und Differentialdiagnosen des diagnostischen und statistischen Manuals psychischer Störungen: DSM-III-R. Weinheim, Basel: Beltz, 1989

Dunaif, S. & Hoch, P. H., Pseudopsychopathic schizophrenia. In: *Hoch, P. H. & Zubin, J. (Eds.),* Psychiatry and the Law. New York: Gune & Stratton, 1955

Edelmann, I., Ausgewählte Aspekte zum Borderline-Syndrom. Unveröffentlichte Hausarbeit im Fach Sozialmedizin, Weingarten: Fachhochschule Ravensburg 1990

Federn, P., Ego Psychology and Psychose. New York: Basic Books, 1952

Fenton, W. S. & Mc Glasham, T. H., Long-term residential care: Treatment of choice for refractory character disorder? Psychiatric Annals 1990, 20, 44-49

Freud, S., Das Ich und das Es (1923). Gesammelte Werke. Band XIII. London: Lingam Press, o.J., 235-289

Frosch, J., The psychiotic character: Clinical psychiatric considerations. In: Psychiatric Quarterly 1964, 38, 81

Fürstenau, P., Über den deutenden (kleinianischen) Umgang mit Frühstörungsmanifestationen. Vortrag auf dem Symposion „Zur Klinik der präödipalen Störungen", Tiefenbrunn 1985.

Garfield, S. L., Prager, R. A. & Bergin, A. E., Evaluation of outcome in psychotherapy. Journal of Consulting and Clinical Psychology, 1971, 37, 3, 307-313, 320-322

Gehring, A. & Blaser, A., MMPI (Deutsche Kurzform für Handauswertung). Bern: Huber, 1982

Gitelson, M., On ego distortion. International Journal of Psychoanalysis 1958, 39, 245

Goulding, M. und R., Neuentscheidung: Ein Modell der Psychotherapie. Stuttgart: Klett-Cotta, 1981

Grawe, K., Vergleichende Psychotherapieforschung. In: *Minsel, W. R. & Scheller, R. (Hrsg.),* Brennpunkte der Klinischen Psychologie. München: Kösel, 1981

Grawe, K., Caspar, F. & Ambühl, H., Die Berner Therapievergleichsstudie (Themenheft). Zeitschrift für Klinische Psychologie 1990, 19, 4, 294-376

Greenacre, P., The Childhood of the Artist: „Libidinal Phase Development and Gittedness". In: The Psychoanalytic Study of the Child, Band 12. New York: 1957, 27-72

Grinker, R. R., Werble, B. & Drye, R., The Borderline Syndrome: A Behavioral Study of Ego Functions. New York: Basic Books, 1968

Gunderson, J. G., Borderline Personality Disorder. Washington: American Psychiatric Press, 1984

Hagehülsmann, U., Transaktionsanalyse – wie geht denn das? Transaktionsanalyse in Aktion I. Paderborn: Junfermann Verlag, 1992

Hartocollis, P., Long-term hospital treatment for adult patients with borderline and narcissistic disorders. Bulletin of the Menninger Clinic 1980, 44, 212-226

Heuvel, H. van den, Door klein zijn, groterworden. In: *Kouwenhoven, M. (Hrsg.)*, Transaktionale Analyse in Nederland, Band II. 1985, 279-317

Hoch, P. H. & Polatin, P., Pseudoneurotic form of schizophrenia. Psychiatric Quarterly 1949, 23, 24

Höck, K. & Hess, H., Zur Eignung des MMPI für die Effektivitätsmessung in der Psychotherapie. In: *Helm, J. (Hrsg.)*, Psychotherapieforschung. Berlin: Deutscher Verlag der Wissenschaften, 1972, 104-124

Hoffmann, O., Stationäre Psychotherapie bei Patienten mit Borderline-Syndromen. In: *Helmchen, H. (Hrsg.)*, Psychotherapie in der Psychiatrie. Berlin et al.: Springer, 1982

Hughes, C., Borderline psychiatric records – prodomal symptoms of physical impairment. Alienista Neurologica 1984, 5, 85-90

Jacobson, E., The Self and the Object World. New York: International Universities Press, 1964. (Deutsch: Das Selbst und die Welt der Objekte. Frankfurt am Main: Suhrkamp, 1973.)

Janzarik, W., Wandlung des Schizophreniebegriffs. Nervenarzt 1987, 49, 133-139

Johnson, C., Tobin, D. L. & Dennis, A., Differences in treatment outcome between borderline and nonborderline bulimics at one year follow-up. International Journal of Eating Disorders 1990, 9, 6, 617-627

Johnson, S. M., Der narzißtische Persönlichkeitsteil. Köln: Edition Humanistische Psychologie, 1988

Jung, C. G., Gesammelte Werke. Olten: Walter Verlag.

Kernberg, O. F., Zur Behandlungstechnik bei Borderline-Störungen. Psyche 1969, 35, 497

—, Prognostic considerations concerning borderline personality organisation. American Psychoanalytic Association Journal 1971
—, The structural diagnosis of borderline personality organization. In: *Hartocollis, P. (Ed.),* Borderline Personality Disorders. New York: International University Press, 1977, 87-121
—, Objektbeziehungen und Praxis der Psychoanalyse. Stuttgart: Klett-Cotta, 1981
—, Borderline-Störungen und pathologischer Narzißmus. Frankfurt am Main: 1983
—, Severe Personality Disorders. Psychotherapeutic Strategies. Yale, London: Yale University Press, 1984
—, Innere Welt und Äußere Realität. München, Wien: Verlag Internationale Psychoanalyse, 1988
Kernberg, O. F. et al., Psychotherapy and Psychoanalysis: Final Report of the Menninger Foundation's Psychotherapy Research Project. Bulletin of the Menninger Clinic, 1972, 36, 3-275
Kernberg, O. F., Burstein, E. & *Coyne, L.,* Final report of the Menninger Foundation's psychotherapy research project: Psychotherapy and psychoanalysis. Bulletin of the Menninger Clinic, 1972, 49, 600-619
Keupp, H., Der verrückte Humor nach Psychologie. Das Argument 1989, 4, 582-592
Klipstein, M. v. & Strümpel, B., Der Überdruß im Überfluß. München 1984
Knight, R. P., Borderline state. Bulletin of the Menninger Clinic 1953, 17, 1
Kohut, H., Narzißmus. – 4. Auflage – Frankfurt am Main: Suhrkamp Verlag, 1983
Kolb, J. E. & Gunderson, J. G., Diagnosing borderline patients with a semistructured interview. Archives of General Psychiatry 1980, 37, 37-41
Kouwenhoven, M., Transaktionale Analyse in Nederland. Band II. Ermelo 1985
Kraepelin, E., Psychiatrie: Ein Lehrbuch für Studierende und Ärzte. – 7. Auflage – Leipzig: Barth, 1903 ff.
Kurz, C., Unveröffentlichtes Arbeitspapier, o.O., o.J.
Laaser, U. & Wendt, K. – E. (Hrsg.), Schuldenkrise und Armut in der Dritten Welt. Berlin: Argument Verlag, 1988
Lazarus, A. A., Anamnesefragebogen. In: *Stiksrad, H. A. (Hrsg.),* Multimodale Verhaltenstherapie. Frankfurt am Main: Fachbuchhandlung für Psychologie, 1978. 328-342
Lessel, E., Zur Veränderungsmessung mit dem Gießen-Test in Test-Retest-Situationen. Diagnostica 1981, 27, 3, 227-240

Lettner, Körperarbeit mit frühgestörten Patienten. Seminar, gehalten während der Lindauer Psychotherapiewoche 1989

Lohmer, M., Stationäre Psychotherapie bei Borderline-Patienten: Psychotherapie und Psychosomatik. Berlin et al.: Springer Verlag, 1988

Mahler, M. S., Pine, F. & Bergmann, A., Die psychische Geburt des Menschen. Frankfurt am Main: Fischer Verlag, 1975

Mann, J., Time-Limited Psychotherapy. Cambridge: Harvard University Press, 1973

Masterson, J. F., Psychotherapie bei Borderline-Patienten. Stuttgart: Klett-Cotta, 1980

Mayer, M., Remarks on abortive cases of Schizophrenia. Journal of Nervous and Mental Disease 1950, 112, 539-542

Mentzos, S., Neurotische Konfliktverarbeitung. (Reihe Geist und Psyche) Frankfurt am Main: Fischer Verlag, 1990

Mestel, R., Psychodiagnostische Erfassung der Borderline-Persönlichkeitsstörung mit Hilfe psychometrischer Testverfahren und eines halbstrukturierten Anamnesefragebogens und Psychotherapieevaluation langzeitig behandelter Borderline-Patientinnen. Konstanz: Unveröffentlichte Diplomarbeit, 1992

Moersch, E., Sozialpsychologische Reflexionen zum Symptomwandel psychischer Störungen. Psyche 1978, 5/6, 403-419

Moiso, C., Ego states and transference. TA-Journal 1985, 15, 3, 194-201

Moore, T. V., The Parataxes: A Study and Analysis of a certain Borderline Mental State. Psychoanalytic Review 1921, 8, 252-283

Nace, E. P., Saxon, J. J. & Shore, N., Borderline personality disorder and alcoholism treatment: A one-year follow-up study. Journal of Studies on Alcohol 1986, 47, 3, 196-200

Nordwest-Zeitung: Umfrage des Infas-Instituts. NWZ 29. 09. 1992

Ogden, T., Projective Identification and Psychotherapy Technique. New York: Jason Aronson, 1982

Pelz, G., Verwöhnung – Verweigerung – Alltagsgewalt oder: Bausteine zum „Null-Bock“ – Skript. Zeitschrift für Transaktions analyse 1991, 8, 50-69

Perls, F. S., Gestalt-Therapie in Aktion. Stuttgart: Klett Verlag, 1974

Perry, J. C. & Klerman, G. L., Clinical features of the borderline personality disorder. American Journal of Psychiatry 1980, 137, 165

Peterson, D. R., The diagnosis of subclinical Schizophrenia. Journal of Consulting Psychology 1954, 18, 198-200

Piaget, J., Das Erwachen der Intelligenz beim Kinde. Stuttgart: Klett 1969

Postman, N., Wir amüsieren uns zu Tode. Frankfurt am Main: Fischer Verlag, 1988

Psychologie heute (Hrsg.), Die Veränderung des Alltags. Weinheim et al.: Beltz, 1981

Pütterich, H., Diagnostisches Interview für das Borderline-Syndrom: DIB. Weinheim: Beltz Test, 1985

Rautenberg, W. & Rogoll, R., Werde, der du werden kannst. Freiburg: Herder, 1980

Robbins, L., The psychotherapy research project of the Menninger Foundation, I: Orientation. Bulletin of the Menninger Clinic 1956, 20, 223-225

Rogers, C. & Dymond, R., Psychotherapy and Personality Change. Chicago: Chicago University Press, 1954

Rohde-Dachser, C., Das Borderline-Syndrom. – 3. Auflage – Bern: Hans Huber Verlag, 1983

—, Borderline-Störungen. In: *Battegay, R., Glatzel, J., Poldinger, W. & Rauchfleisch, U. (Hrsg.)*, Handbuch der Psychiatrie. Stuttgart: Enke Verlag, 1984. 94

Rosen, J., Direct Analysis. New York: Grune & Stratton, 1953

Rosse, I. C., Clinical evidence of borderline insanity. Journal of Nervous and Mental Disease 1980

Rost, W.-D., Psychoanalyse des Alkoholismus. Stuttgart 1987

Rüger, U., Die stationär-ambulante Gruppenpsychotherapie – Ergebnisse im Hinblick auf Änderungen im Bereich von Symptomatik und Persönlichkeitsstruktur. Zeitschrift für psychosomatische Medizin 1982, 28, 189-199

Sadow, L., Ego Axis in Psychopathology. Archives of General Psychiatry 1969, 21, 15

Sass, H. & Koehler, K., Borderline-Syndrome: Grenzgebiet oder Niemandsland? Zur klinisch-psychiatrischen Relevanz von Borderline-Diagnosen. Nervenarzt 1983, 54, 221-230

Sauer, J. & Schnetzer, M., Zum Persönlichkeitsbild des Asthmatikers und seiner Veränderung durch unterschiedliche Behandlungsmethoden im Verlauf einer Kur. Zeitschrift für klinische Psychologie 1978, 26, 171-180

Schiff, J. L. & Day, B., All My Children. New York: Pyramid Book, 1970; dt.: Alle meine Kinder. München: Kaiser Verlag, 1980

Schiff, J. L., Cathexis Reader: T. A. Treatment of Psychosis. New York: Harper & Row, 1975

Schiff, S., Nach einem Vortrag, der von Shea Schiff 1982 auf dem EATA-Kongress in Villingen gehalten wurde.
Schlegel, L., Die Transaktionale Analyse. München: UTB Verlag, 1979
—, Die Transaktionale Analyse. München: UTB Francke Verlag, 1984
Schmidbauer, W., Weniger ist manchmal mehr. Reinbek bei Hamburg: Rowohlt 1984
Schmideberg, M., The borderline patient. (1959) In: *Arieti, S. (Ed.)*, American Handbook of Psychiatry. Vol. I. New York: Basic Books, 1974
Schwarz-Salant, N., Die Borderline-Persönlichkeit. Olten: Walter Verlag 1991
Searles, H. F., Abhängigkeitsprozesse bei der Therapie von Schizophrenie. (1955) In: Der psychoanalytische Beitrag zur Schizophrenieforschung. München: Kindler, 1974
Sechehaye, M., Symbolic Realization. New York: International University Press, 1951
Settlage, C. F., The Psychoanalytic understanding of narcissistic personality disorders: Advances in development theory. Journal of the American Psychoanalytic Association 1977, 25, 805-833
Sifneos, P., Short-Term Psychotherapy and Emotional Crisis. Cambridge: Harvard University Press, 1972
Smith, S., A Study of Clinicians Who Use Regressive Work. TA-Journal 1989, 19, 2, 75-79
Snyder, S., Goodpaster, W. A., Pitts, W. M., Pokorny, A. D. & Gustin, Q. L., Demography of psychiatric patients with borderline personality traits. Psychopathology 1985, 18, 38-49
Spitz, R. A., Vom Säugling zum Kleinkind. Naturgeschichte der Mutter-Kind-Beziehung im ersten Lebensjahr. Stuttgart: Klett-Cotta, 1965
Spitzer, R. L., Endicott, J. & Gibbon, M., Crossing the borderline personality and borderline-schizophrenia. Archives of General Psychiatry 1979, 36, 17-24
Staemmler, F.-M. & Bock, W., Neuentwurf der Gestalttherapie: Ganzheitliche Veränderung im therapeutischen Prozeß. München: Pfeiffer Verlag, 1987
Stauss, K., Die stationäre transaktionsanalytische Behandlung des Borderline-Syndroms. Grönenbach: Selbstverlag der Klinik für psychosomatische Medizin, 1988
Stern, A., Psychoanalytic investigation of and therapy in Borderline group of neuroses. Psychoanalytic Quarterly 1938, 7, 467
Stierlin, H., Über schizoide Einfühlung. In: *Schelkopf, A. & Ehlhardt, S. (Hrsg.)*, Aspekte der Psychoanalyse. Göttingen 1969

Stone, M. H., Psychotherapy of borderline patients in light of longterm follow-up. Bulletin of the Menninger Clinic 1987, 51, 3, 231-247

Sudermann, U., Eine psychologische Studie über das Borderline-Syndrom und einem therapeutischen Behandlungsansatz. Die Sicht Betroffener anhand katamnestischer Einzelfalluntersuchungen. Unveröffentlichte Diplomarbeit an der Universität Erlangen, 1990

Tucker, L., Bauer, S. F., Wagner, S., Harlam, D. & Sher, I., Longterm hospital treatment of borderline patients: A descriptive outcome study. American Journal of Psychiatry 1987, 144, 11, 1443-1448

Vaillant, S. E., Theoretical hierarchy of adaptive ego mechanisms. Archives of General Psychiatry 1971, 24, 107

Waldinger, R. J. & Gunderson, J. G., Completed psychotherapies with borderline patients. American Journal of Psychotherapy 1984, 38, 2, 190-202

Wallerstein, R. S., Reconstruction and mystery in the transference psychosis. Journal of the American Psychoanalytic Association 1967, 15, 551-583

Wardetzki, B., Weiblicher Narzißmus und Bulimie. Die narzistische Persönlichkeits- und Beziehungsstörung im Rahmen der bulimischen Eßerkrankung. Inaugural-Dissertation, München 1990

Winn, M., Die Droge im Wohnzimmer. Reinbek bei Hamburg: Rowohlt, 1979

Winnicott, D. W., Metapsychological and clinical aspects of regression within the psychoanalytic setup. International Journal of Psychoanalysis 1955, 36, 16-26

Woods, K. & Woods, M., Treatment of Borderline conditions. TA- Journal 1982, 12, 4, 288-300

Zilboorg, G., Ambulatory Schizophrenia. Psychiatry 1941, 4, 149

Zwiebel, R., Psychosomatische Tagesklinik: Bericht über ein Experiment. Freiburg: Lambertus, 1987